Erna und Günter Linde

Liebe geht durch den Magen

Erna und Günter Linde

Liebe geht durch den Magen

Abc des Kochens

Verlag Neues Leben Berlin

Illustrationen von Christa Unzner

ISBN 3-355-00497-9

6., durchgesehene Auflage, 1989
Lizenz Nr. 303 (305/303/89)
LSV 9229
Umschlag: Christa Unzner
Typografie: Doris Ahrends
Schrift: 10 p Sabon
Gesamtherstellung: GG Völkerfreundschaft Dresden
Bestell-Nr. 643 179 7
00200

Kurze Vorrede

Die Zeiten haben sich geändert. Mütter stehen heute seltener am Küchenherd. In den meisten Familien wird mittags im Betrieb, in der Schule oder im Kindergarten gegessen. So bleibt immer weniger Gelegenheit für junge Leute, sich daheim abzugucken, wie man mit Topf und Tiegel umzugehen hat. Wie man Gemüse so zubereitet, daß es schmeckt und nichts von seinem Nährwert verliert. Wie man Reis so gart, daß er weich wird, aber körnig bleibt. Wie man Salate und Soßen abschmeckt.

Was tun, wenn man eines Tages ohne den gewohnten Mittagstisch auskommen und sich selbst helfen muß? Das Kochbuch aus Mutters Küchenregal gibt nicht immer Antwort auf Fragen, die gerade ein Anfänger stellt. Das Abc wird darin oft vorausgesetzt.

Doch damit ist es halb so schlimm. Die ganze Kochkunst basiert auf einer Reihe von Grundrezepten — und die sind leicht zu begreifen. So mancher gute Rat wird euch dabei helfen.

Unser Büchlein will kein Nachschlagewerk für Könner sein, keine fachliche Abhandlung über richtige Ernährung. Es ist nur eine Handreichung, eine Hilfestellung für alle, die erste selbständige Kochversuche machen — und vielleicht ein bißchen mehr. Alle Rezepte sind, wenn nicht anders angegeben, für 4 Personen berechnet.

Wir hoffen, daß euch das Kochen Spaß macht, und wünschen — guten Appetit.

Die Verfasser

Loblied auf das Frühstück

Mit einem kleinen Schluck und einer halben Schrippe ist es nicht getan, unser Tag sollte immer mit einem richtigen Frühstück beginnen. Ernährungsfachleute raten, die täglich notwendige Nahrungsenergiemenge auf fünf Mahlzeiten zu verteilen: erstes Frühstück 25, zweites 10, Mittagessen 30, Zwischenmahlzeit 10 und Abendessen 25 Prozent. So wird der Körper gleichmäßig versorgt, und die Leistungsfähigkeit bleibt den Tag über gesichert.

Wie bei allen anderen Mahlzeiten gibt es auch beim Frühstück verschiedene Arten, satt und selig zu werden. Die herzhafte englische Art zum Beispiel mit Ham and Eggs, Schinken und Eiern, und mit Porridge und Jam, Haferbrei und Konfitüre. Oder die schwedische Art, den Tag schon in aller Frühe mit einem Obstsalat zu beginnen. Nicht zu vergessen das berühmte Schweizer Müsli, das wohl zu der gesündesten Morgenkost gehört: rohe Haferflocken mit Milch, Früchten und Nüssen.

Unser traditionelles Frühstück, Brötchen mit Butter, Marmelade und Kaffee, hin und wieder ein gekochtes Ei, ist vom Standpunkt der gesunden Ernährung höchst unbefriedigend. Hier ein paar Vorschläge, wie abwechslungsreich eine Morgenmahlzeit aussehen kann. Die ersten Beispiele sind zum Appetitanregen für diejenigen gedacht, die sich das Frühstücken abgewöhnt haben.

- ✧ 1 Scheibe frisch getoastetes Weißbrot mit Butter und Schnittkäse, 1 Glas Tomatensaft
- ✧ 1 Scheibe Mischbrot mit Sahnequark, einem halben Pfirsich, Apfel- oder Birnenscheiben belegt, 1 Tasse Kakao
- ✧ 1 Scheibe Vollkornbrot mit Kräuterbutter, 1 weichgekochtes Ei, 1 Scheibe Knäckebrot mit Butter und Konfitüre, 1 Tasse Milch
- ✧ 1 Schälchen saure Milch mit Cornflakes, Zucker oder Konfitüre, 1 Scheibe Vollkornbrot mit Teewurst, 1 Apfel
- ✧ 1 Gläschen Obstsaft, Pumpernickel mit Butter und Camembert, 2 Vollkornkekse mit Honig
- ✧ 1 Scheibe Mischbrot mit Butter, Ei- und Radieschenscheiben, mit Schnittlauch bestreut, 1 Glas Buttermilch
- ✧ 1 Scheibe Mischbrot mit Rahmbutter, Kraftfleisch und Tomatenscheiben, 1 Glas Mohrrübensaft
- ✧ 1 Glas Joghurt, 1 Paar Würstchen, 2 Scheiben Vollkornbrot, Apfel, Birne oder Apfelsine
- ✧ 1 Schälchen Milch mit Obst und Knusperflocken, 1 Scheibe Vollkornbrot mit Leberkäse, Tee
- ✧ 1 Scheibe Mischbrot mit Tomatenrührei, 1 Scheibe Vollkornbrot mit Camembertscheiben, 1 Glas Fruchtmilch
- ✧ 1 Scheibe Vollkornbrot mit Kräuterbutter, 1 Stück Obstkuchen, Kaffee oder Milchkaffee

✧ Brot sauber, trocken und luftig aufbewahren oder gut eingewickelt in den Kühlschrank legen.

✧ Getoastetes Weißbrot kühlt durch Einschlagen in Stoffservietten nicht so rasch ab. In geschlossenen Behältern wird es in wenigen Minuten weich und zäh.

Vom Wert des Hafers für die menschliche Ernährung wußte man offenbar schon in ganz alten Zeiten. Säuglingen mischte man Haferschleim in die Kuhmilch, und das englische Porridge-Frühstück haben nicht erst die Ernährungswissenschaftler erfunden. Als wandlungsfähigste und sehr schmackhafte Form der Hafernahrung hat uns die Schweiz das Müsli beschert. Das „echte" Rezept, nach dem Arzt Dr. Birchner-Benner benannt, haben wir in einem Kochbuch aus dem Jahre 1927 entdeckt:

„*Apfel-Diätspeise*

2—3 kleinere oder 1 großer Apfel, durch Abreiben mit einem trockenen Tuch gereinigt, aber ohne Haut, Gehäuse und Kerne zu beseitigen. 1 Eßlöffel Baumnüsse, Haselnüsse oder Mandeln, gerieben. Ein gestrichener Eßlöffel Haferflocken, 12 Stunden vorgeweicht mit 3 Eßlöffel Wasser. Zitronensaft von einer halben Zitrone, 1 Eßlöffel kondensierte, gezuckerte Milch.

Die Kondensmilch und der Zitronensaft werden zuerst unter die Haferflocken gemischt, dann werden die Äpfel mit Haut, Gehäuse und Kernen auf dem Apfelreibeisen unter kräftigem Druck gerieben und gut unter den Brei gemischt. Auf diese Weise wird das Apfelfleisch durch den Brei bedeckt und vor Luftzufuhr geschützt, wodurch das weiße, appetitliche Aussehen der Diätspeise erreicht wird. Die Zubereitung soll unmittelbar vor dem Essen geschehen. Die geriebenen Nüsse werden zur Mehrung des Eiweiß- und Fettgehaltes bei Tisch aufgestreut (1 Eßlöffel). Rezept für eine Person."

Liebhaber dieser gesunden Kost bereiten sich ihr Müsli

nach eigenem Geschmack, nach dem Früchteangebot, mit Joghurt, saurer Milch, Buttermilch oder Milch, mit Honig, Zucker oder Sirup. Mancher mischt einen Löffel Weizenschrot oder Weizenkeime darunter und steuert damit noch wertvolle Stoffe bei. Die Haferflocken können auch eine halbe Stunde vor dem Verzehr mit Milch übergossen werden, sie schmecken dann kräftiger. Praktisch ist es, sich gleich einen Vorrat an Trockenmischung zuzulegen, zum Beispiel aus:

200 g Haferflocken, 50 g Weizenkeimen, 50—100 g Zucker, 50 g geriebenen Nüssen, 1 Messerspitze Anis oder Ingwer. Wer will, fügt noch eine halbe Vanilleschote bei.

Eine weitere, ebenso berühmte Haferflocken-Morgenmahlzeit ist das englische *Porridge*:

Für 2 Personen streut man in 3/8 l leicht gesalzenes Wasser 6 gehäufte EL Haferflocken und kocht einen steifen Brei. Bei Tisch gießt man Milch oder etwas Kondensmilch darüber, rührt aber keinen Mischmasch, sondern sticht den Brei mit dem Löffel ab, so daß immer ein wenig Flüssigkeit obenauf liegt.

Zu einem vollständigen englischen Frühstück gehören außerdem noch auf Schinken gebratene Spiegeleier und Toast mit Butter und Orangenkonfitüre. Anstelle von Schinken nimmt man auch dünne Speckscheiben. Sie werden besonders knusprig, wenn man sie vor dem Braten erst in Milch und dann in wenig Mehl wendet. Sobald sie glasig sind, gibt man 1 oder 2 Eier darüber.

Wer dicken Haferbrei nicht mag, aber — vor allem im Winter — etwas Warmes essen möchte, kocht sich die altbewährte

Haferflockensuppe (2 Personen)

1/2 l Milch, 3—4 EL Haferflocken, 1 Prise Salz, 1 TL Butter, Zucker, Zimtzucker oder Obstsirup nach Bedarf.

Kurz vor dem Aufkochen der Milch Haferflocken mit Salz hineinstreuen und auf kleiner Flamme etwa 5 Minuten ausquellen lassen. Nach Wunsch süßen. Auch ein Stich frische Butter schmeckt gut dazu.

Mekorna-Instanterzeugnisse (Hafer, Reis, Grieß) braucht man nur mit warmer Flüssigkeit zu übergießen, schon ist die Suppe fertig. Ebenso schnell geht es mit Schneehaferflocken und Hirseflöckchen. Alle Instanterzeugnisse sind mit Milch, Joghurt, Obstsaft usw. für den Rohverzehr geeignet.

- ✧ Jeder sollte täglich 1/2 l Milch trinken oder in Form von Milchprodukten zu sich nehmen.
- ✧ Milch enthält besonders hochwertiges Eiweiß mit allen nötigen Aminosäuren, leicht verdauliches Milchfett, Milchzucker und Mineralstoffe, vor allem Kalzium und Phosphor, die für Knochen und Zähne besonders nötig sind. Weiter die Vitamine B_1, B_2 und C.

Eier, gekocht

Frische, unverletzte Eier, wenn nötig säubern, in leicht kochendes Wasser geben. Kochzeit: harte Eier 8, feste 6, wachsweiche 5, weiche 4, sehr weiche Eier 3 Minuten. Stark durchkühlte Eier haben eine etwas längere Garzeit, deshalb früher aus dem Kühlschrank nehmen. Auch die Eiergröße ist zu berücksichtigen.

Eier im Glas

1 oder 2 Eier pro Person 3 Minuten kochen, abschrekken, behutsam schälen und in ein Glas gleiten lassen, das möglichst in heißem Wasser steht. Etwas Salz und Paprika darüber streuen.

✦

Eine Delikatesse ist ein weichgekochtes Ei mit frischer Gartenkresse. Dazu eine Winzigkeit Butter! Das schmeckt!

- ✧ Eier zerspringen nicht beim Kochen, wenn man mit dem „Eipick“ oder einer Nadel in das stumpfe Ende ein Loch sticht.
- ✧ Sollte die Schale dennoch platzen oder schon vorher angeknickt sein, das Ei in Folie oder nasses Pergamentpapier wickeln.
- ✧ Pro Person und Mahlzeit nicht mehr als 2 Eier rechnen.
- ✧ Leicht verdaulich ist das weiche Ei, das Rührei, Eier in Cremes und in Schneespeisen.
- ✧ Schwer verdaulich sind harte und Spiegeleier.

Rühreier

Die Pfanne muß tadellos sauber sein, sonst sieht die Eimasse schmuddlig aus. 2—3 Eier einzeln in ein kleines Gefäß schlagen — es könnte ein schlechtes darunter sein —, dann mit 2—3 EL Wasser oder Milch verquirlen oder mit dem Schneebesen leicht schaumig schlagen, wenig salzen. In der Zwischenzeit Margarine oder Öl in der Pfanne schwach erhitzen, die Eier hineingießen und mit dem Messer — besser noch mit einem Holzlöffel — den stockenden Brei vom Boden weg zur Mitte schieben, damit die noch flüssige Masse an die heißen Stellen kommt und ebenfalls fest oder vielmehr feuchtflockig wird. Rasches Durcheinanderrühren macht das Ei wenig ansehnlich, starke Hitze macht es fest. Rühreier werden besonders zart und ergiebig, verquirlt man sie mit einem Eßlöffel Selterswasser pro Ei.

Rührei mit Speck und Schinken

Speck- oder Schinkenwürfel in wenig Margarine anbraten, die Eiermasse darüber gießen, sanft rühren und stocken lassen.

Rührei mit Käse

Vor dem Braten unter die nur leicht oder gar nicht gesalzene Eiermasse 1/2 TL geriebenen Käse pro Ei mischen.

Spiegel- oder Setzeier

Margarine oder Öl in einer sauberen Pfanne zerlassen, nicht zu stark erhitzen. Eier vorsichtig hineingleiten lassen. Das Eiweiß leicht salzen. Die Eier so lange auf kleiner Flamme braten, bis das Eiweiß gestockt ist. Die Eidotter müssen weich bleiben.

Spiegeleier mit Speck-, Schinken- oder Wurstscheiben
Diese Zutaten anbraten, wenden, dann die Eier darüber geben.

Bunte Eier — nicht nur am Ostermorgen!
Wer Spaß an bunten Eiern hat, kann sie mit reichlich Zwiebelschalen bräunlich, mit einem Stück roter Rübe leicht rot oder mit Spinatblättern grünlich färben. Ein Schuß Essig gehört ins Kochwasser. Nach dem Abschrecken mit Speiseöl einreiben! Damit sie schön glänzen!

✦

Zum zweiten Frühstück im Betrieb oder in der Schule ist es üblich, belegte Brote mitzunehmen. Ein Lob verdient, wer es nicht dabei beläßt, sondern sich auch regelmäßig Obst oder Gemüse einsteckt. Das kann ein Apfel oder eine Gurke sein, auch ein Kohlrabi oder eine Mohrrübe, eine Paprikaschote oder Tomate oder, wie es die Leute in Belgien tun, eine Chicoréestaude, mit ein wenig Salz bestreut. Hin und wieder mag zur Abwechslung auch mal ein leichter Mischsalat oder ein Glas Beerenobst dabeisein. Und wer zum ersten Frühstück keine Milch getrunken hat, sollte das unbedingt zum zweiten nachholen.

Morgenmahlzeit für Langschläfer

Am Wochenende auszuschlafen ist eine wundervolle Sache, besonders wenn man spät ins Bett gekommen ist. Dann wird das Mittagessen eingespart und reichlicher gefrühstückt. Was an Brotsorten im Haus ist, wird aufgetragen. Dazu Wurst, eventuell kalter Braten als Belag; mitunter findet sich unter den Konserven oder im Kühlschrank eine kleine Delikatesse. In der Pfanne brutzelt etwas Leckeres. Auch eine Suppe aus der Tüte oder Dose, rasch gekocht, paßt dazu. Eine Tasse für jeden genügt, beileibe keine große Portion! Ein Teller Frisches sollte auf keinen Fall fehlen: mit Gurkenscheiben, Tomatenvierteln, Paprikafrüchten, Obst oder Rohkost. Der eine oder andere mag vielleicht eine Süßspeise, etwas Eis oder Gebäck. Zum Trinken stehen Kaffee oder Tee unter der Haube oder auf dem Teewärmer, im Sommer gibt es kühle Milchmixgetränke oder Saft aus einer hübschen Kanne.

Und das sind einige Vorschläge für das große Frühstück:

Frühlingsquark

250 g Magerquark, 3—4 EL Milch, 1 Eigelb, 1 EL feingehackte frische Kräuter, Salz, 4—6 Tomaten.

Quark unter Zugabe von Milch sahnig schlagen, Eigelb und Kräuter unterrühren, würzen. Von Tomaten Deckel abschneiden, mit einem kleinen Löffel Fruchtfleisch herausholen (später für Suppe verwenden) und den Quark einfüllen. Deckel obenauf setzen. Der Quark kann auch in eine Schüssel gefüllt und mit Tomatenvierteln verziert werden.

Rührei mit Tomaten und Paprika

250 g grüne Paprikaschoten, 1 große Zwiebel, 40 g Speckwürfel, 4 Tomaten, 4 Eier, 4 EL Milch, Bratfett, Salz, Pfeffer.

Paprikaschoten von den Samenständen befreien, in Ringe, Zwiebel in dünne Scheiben schneiden. Speck auslassen. Sobald er glasig ist, Zwiebel und Paprika beifügen, weich dünsten. Bei Bedarf 2—3 EL Wasser zugießen. Würzen. Inzwischen die Tomaten in Scheiben schneiden, auf einem Teller als Ring anordnen, salzen und pfeffern. Eier mit Milch und einer Messerspitze Salz verquirlen. Das Paprika-Zwiebel-Gemisch um den Tomatenring legen, Rührei bereiten und in die Mitte des Tellers geben. Dazu Butterbrote.

Ministeaks

4 Scheiben Rinder- oder Schweinefilet, 1 Knoblauchzehe, 1 TL feingehackte Petersilie, 2—3 Blättchen frischer oder 1 Blättchen getrockneter Salbei, Öl, Pfeffer oder Paprika, Kräuterbutter.

Nicht zu dünne Filetscheiben in etwa 4 cm große Ministeaks schneiden, mit der zerdrückten Knoblauchzehe, der Petersilie und dem Salbei in 1 TL Öl marinieren. Über Nacht in den Kühlschrank stellen. Am Morgen die Ministeaks — wenn nötig — nochmals mit wenig Öl einpinseln, grillen oder rasch in der Pfanne braten, leicht mit Pfeffer oder Paprika bestreuen. Mit dünnen Scheiben kalter gesalzener Kräuterbutter belegen.

Bauernfrühstück (2 Personen)

30 g Margarine, 1 EL Zwiebelwürfel, 150 g Jagdwurst, 400 g geschälte Pellkartoffeln, Salz, 2 EL Milch, 2 Eier.

Die Margarine erhitzen, Zwiebel- und Wurstwürfel leicht anbraten, die ebenfalls gewürfelten Kartoffeln dazugeben. Salzen, alles durchbraten. Zuletzt die mit Milch verquirlten Eier darüber gießen und auf kleiner Flamme stocken lassen.

Toast mit Leberkäse und Spiegelei (2 Personen)

2 Scheiben Weißbrot, Bratfett, 2 Eier, Salz, 2 Scheiben Leberkäse oder Leberwurst, Edelsüßpaprika, Schnittlauch.

Weißbrot beidseitig rösten, noch warm mit Leberkäse belegen, darauf das Spiegelei setzen. Paprikapulver und feingehackten Schnittlauch darüber streuen.

Bulettenbrötchen (3 Personen)

150 g Schabefleisch, 150 g Hackepeter, 1 halbes Brötchen, 1 Ei, 1 Zwiebel, 1 Knoblauchzehe, Salz, Pfeffer, Paprika, Suppenwürze, Öl zum Braten, 6 halbe Brötchen, 6 Käsescheiben.

Den Hackepeter, das Schabefleisch, die eingeweichte, ausgedrückte Brötchenhälfte mit dem Ei, der feingehackten Zwiebel und Knoblauchzehe sowie den Gewürzen gut vermischen. 6 flache Buletten formen, braten und auf je ein halbes Brötchen setzen. Die Käsescheiben darauflegen und die Brötchen grillen, bis der Käse schmilzt.

Camembertecken, gebacken

1 Camembertkäse (45 Prozent), 1/2 Ei, 1 EL Semmelmehl, Öl zum Braten.

Camembert vierteln, die Ecken in Ei und Semmelmehl wenden und in heißem Öl auf beiden Seiten hellbraun braten. Auf einem Salatblatt anrichten und sofort servieren.

Eine andere Variante:

Auf gebutterte Toastscheiben je 1 (gedünstete) Apfelscheibe und 1 gebackene Käseecke setzen.

So zubereitet, ist der Camembert immer weich und schmeckt ausgezeichnet. Man kann ihn auch unter dem Grill erwärmen.

Zuppa Pavesa, italienisch

Je Person 2 dünne Scheiben Weißbrot, Bratfett, 1 Ei, Würfelbrühe, geriebener Käse, 1/2 TL feingehackter Schnittlauch.

Weißbrot mit Öl oder Margarine in einer Pfanne beidseitig hellbraun braten, in eine Suppentasse legen, ein Ei daraufschlagen und Bouillon zugießen. Die Tasse kurz in die Röhre stellen, damit das Ei etwas fester wird. Mit geriebenem Käse und Schnittlauch bestreuen.

Chicoréesalat mit Äpfeln oder Apfelsinen

400 g Chicorée, 2 Äpfel, 1/2 Flasche saure Sahne oder Joghurt, Zitronensaft, Zucker nach Geschmack, Salz.

Chicoréestauden sorgfältig putzen (nach Belieben den bitteren Keil ausschneiden), waschen, in feine Ringe, Äpfel in kleine Scheiben schneiden. Saure Sahne mit Zitronensaft, Zucker und 1 Prise Salz mischen, leicht unter den Salat heben und kurze Zeit durchziehen lassen. Anstelle von Äpfeln können Apfelsinen genommen werden.

Chicoréesalat schmeckt auch mit grobgehackten, hartgekochten Eiern. Dazu mischen wir eine Salatsoße aus saurer Sahne und Tomatenketchup (1 : 1) und schmekken mit Salz, Zucker und Zitronensaft ab.

Arme Ritter

1/2 l Milch, 2 Eier, 2 EL Zucker, 1 Prise Salz, 4—5 Brötchen oder 10 Scheiben Weißbrot (altbacken), Bratfett, Zucker und Zimt.

Milch, Eier, Zucker und Salz verquirlen und die Brotscheiben darin kurz weichen lassen. Sie müssen gut durchfeuchten, dürfen aber nicht zerfallen. Das Fett erhitzen und die Scheiben auf beiden Seiten goldbraun braten. Noch heiß mit Zimtzucker bestreuen. Dazu Apfelmus.

Ihr könnt auch zwischen zwei Scheiben befeuchteten Toastbrots geraspeltes Obst oder zerdrückte, leicht gezuckerte Beeren legen, dann die Doppelscheibe nochmals in der Eiermilch wenden und in der Pfanne braten.

Joghurt mit Obst (1 Person)

1 Tasse frisches oder gedünstetes Obst, 1 Flasche Joghurt, Zucker.

Das Obst süßen und mit schaumig geschlagenem Joghurt übergießen. Je kälter er ist, desto besser ist der Geschmack.

✦

Zur Anregung für eigene „Schöpfungen" Vorschläge für Milchmixgetränke. Sie sind gesund und machen munter!

Honigcocktail (1 Person)

1 Flasche Magermilchjoghurt, 3—4 EL frisch ausgedrückter Apfelsinensaft, 1 Eigelb, 1 EL Honig kräftig quirlen. Anstelle von Apfelsinensaft lassen sich auch Sanddorn-, Mohrrüben-, Apfelsaft oder andere Säfte oder Süßmoste verwenden.

Bananenmilch (2 Personen)

1/2 l Milch, 1 Banane, 1 Ei (kann auch wegfallen), 1 TL Zitronensaft, 2 EL gemahlene Nüsse, Zucker nach Geschmack. Zutaten mixen. Auf 1/2 l Milch rechnet man 125 g vollreifes Obst.

✦

Zum Schluß noch einen einfachen Hefekuchen, der frisch aus dem Ofen besonders gut schmeckt.

Kartoffelhefekuchen

30 g Hefe, 40 g Zucker, 1/8 l Milch, 250 g Mehl, 1 TL Salz, 25 g Margarine, 500 g gekochte, geriebene Kartoffeln, 60 g Margarine zum Bestreichen, Zucker und Zimt.

Die zerkrümelte Hefe in der lauwarmen, mit 1 TL Zucker gesüßten Milch auflösen und mit den übrigen Zutaten zu einem glatten Teig kneten. Falls er klebt, noch etwas Mehl zugeben. Warm gestellt etwa 60 Minuten gehen lassen, nochmals durcharbeiten, nicht zu dick ausrollen und auf ein gefettetes Blech legen. Mit einer Gabel mehrmals Löcher einstechen, damit sich der Boden nicht wölbt. Mit zerlassener, abgekühlter Margarine bestreichen, mit Zimtzucker bestreuen, noch 20 Minuten gehen lassen und dann bei Mittelhitze 15—20 Minuten backen.

Ihr könnt den Teig auch abends zubereiten, nicht warm stellen, sondern gleich ausrollen, auf das gefettete Blech legen und über Nacht an einem kühlen Ort lassen. Morgens bestreicht ihr ihn mit der zerlassenen Margarine, bestreut ihn mit Zimtzucker und schiebt ihn in die Röhre. Die Menge reicht für ein ganzes Blech.

Mittags schmeckt's aus Topf und Tiegel

Es muß nicht immer ein Menü auf dem Tisch stehen: Suppe vorneweg, dann Braten mit Kartoffeln oder Klößen und Gemüse und zum Schluß eine Süßspeise. Diesen Aufwand heben wir uns für festliche Gelegenheiten auf. Denn bei aller Liebe zur Kochkunst und allem Verständnis für Gaumenfreuden, es geht auch einfacher. Ein Eintopf kann zuweilen so prächtig schmecken, daß man dafür alles andere stehenläßt.

Unsere Auswahl an Rezepten reicht vom Festtagsbraten bis zu den einfachsten Gerichten, bringt Altbekanntes und Neues, so daß jeder etwas für sich findet.

Beginnen wir mit einer guten Fleischbrühe. Sie ist die Grundlage für viele Gerichte, für Suppen, Soßen, Eintöpfe, Frikassees.

Aus dem großen Suppentopf

Fleischbrühe, einfach

250 g Suppenfleisch (Querrippe, Rinderbrust, mit Fett durchwachsenes Rindfleisch) unter fließendem Wasser kurz waschen, mit 1 1/2 l kaltem Wasser ansetzen, 1 TL Salz zufügen, etwa 1 1/2 Stunden bei schwacher Hitze kochen lassen. Dann 1 Suppengrün (1 Stück Sellerie mit Blättern, 1—2 Mohrrüben, 1 Petersilienwurzel, 1 kleine Stange Porree), 1 Zwiebel putzen, waschen, grob zerteilen und in die Brühe geben. Garzeit insgesamt 2—2 1/2 Stunden.

Fleischbrühe, kräftig

500 g zerkleinerte Rinderknochen (die Hälfte davon Markknochen) mit kochendem Wasser überbrühen. Wasser abgießen, damit Stoffe, die später die Brühe trüben, entfernt werden. Knochen kalt abspülen. 300 g Rindfleisch kurz unter fließendem Wasser waschen und mit den Knochen in 2 l leicht gesalzenem Wasser ansetzen. Nach dem Aufkochen das Eiweiß mit der Schaumkelle abheben. (Dieses während des Kochvorgangs mehrmals wiederholen.) Hitze reduzieren, leise sieden lassen. Nach 1 3/4 Stunden das geputzte, gewaschene und grobzerteilte Suppengrün beifügen. Garzeit 2 1/2—3 Stunden.

Hier steht alles, was ihr wissen müßt — und ein bißchen mehr:

✧ Legt ihr Wert auf gute Brühe, so setzt das Fleisch mit kaltem Wasser an.

✧ Braucht ihr saftiges Fleisch, zum Beispiel für Frikassee, so gebt es in kochendes Wasser. Dann schließen sich gleich die Poren.

- Es ist besser, ein größeres Stück zu kochen, es bleibt saftiger, Reste können sehr gut weiterverarbeitet werden.
- Wichtig ist, daß die Brühe ständig schwach siedet. Das Fleisch wird durch stärkere Hitze nicht schneller weich. Heißer als 100 °C kann das Wasser ohnehin nicht werden, es verdampft nur stärker und kocht über.
- Damit die Brühe klarer bleibt, ohne Deckel kochen. (Ob sich das in einer kleinen Küche realisieren läßt, muß jeder selbst entscheiden.) Während des Siedens bei offenem Topf verdampft etwa 1/2 l Flüssigkeit. Bei Bedarf heißes Wasser zugießen, noch besser — im voraus bemessen.
- Eine schöne Farbe erhält die Brühe durch eine fast schwarz geröstete Zwiebel. Nur die äußere Schale entfernen, die Zwiebel einmal zerschneiden und in einer leicht gefetteten Pfanne (keiner beschichteten!) oder unter dem Grill rösten.
- Auch Suppengrün kann — ohne Porree — mit oder ohne Fett vorher angeröstet werden.
- Das Suppengrün läßt sich ergänzen durch ein Stück Kohlrabi, Blumenkohlstrunk oder -röschen, 1—2 weiche Tomaten, Petersilienstiele, Liebstöckel- und Sellerieblätter (nicht zuviel, würzen stark), sauber gewaschene Sellerieschalen, 1 Knoblauchzehe, 1 Zwiebel, an die mit 2 Nelken ein Lorbeerblatt geheftet wird, oder durch eine Gewürzdosis: 1 kleines Lorbeerblatt, 1 Nelke, 2 Gewürzkörner, 4 Pfefferkörner.
- 1 Prise Muskat paßt zu jeder Fleischbrühe.
- Ein wenig geraspelte Mohrrüben, die mitkochen, färben die Fleischbrühe gelblichrötlich, 1 Messerspitze Safran, zum Schluß eingestreut, leicht gelblich.

- ✧ Die Brühe wird klarer, wenn man sie durch ein sauberes, in heißes Wasser getauchtes Geschirrtuch siebt.
- ✧ Will man heiße Brühe rasch entfetten, hält man den Topf schräg und schöpft mit einem Löffel das Fett ab, oder man gießt sie durch ein mit eiskaltem Wasser getränktes Tuch.
- ✧ Wird eine besonders klare Brühe gewünscht, diese erkalten lassen, ein leicht geschlagenes Eiweiß hineingeben und während des Erhitzens weiterschlagen. Nach dem Aufkochen haften die trüben Bestandteile am geronnenen Eiweiß. Die Brühe durchsieben.

✦

Geflügel kommt ausgenommen in den Handel. Dennoch müßt ihr es vor dem Kochen anschauen. Vielleicht sind noch Reste vom Kropf und Federn zu entfernen. Beim Suppenhuhn liegen die Innereien meist eingewickelt in der Bauchhöhle. Sie können nach sorgfältigem Säubern gleich mitgekocht werden. Die Leber gibt man kurz vor Ende des Kochvorgangs in den Topf. Geflügel braucht nur rasch innen und außen kalt abgewaschen zu werden.

Ein Suppenhuhn ist das Richtige, wenn eine gute Brühe gewünscht wird, aber auch ein nicht zu kleiner Goldbroiler tut's. Es lohnt sich, ein größeres Exemplar zu kaufen — gleich für mehrere Mahlzeiten. Einmal wird Suppe mit Fleischeinlage gekocht, das übrige für Frikassee, Ragout, Salate usw. verwendet.

Huhn, gekocht

Das Huhn wird genau wie Rindfleisch kalt oder heiß angesetzt und ein Suppengrün beigefügt. Wenn sich die Schenkelknochen beim Drehen im Gelenk lösen, ist das Huhn gar. Die benötigte Hühnerbrühe genau bemessen,

das nachträgliche Zugießen von Wasser beeinträchtigt den Geschmack.

Brühnudeln

400 g Nudeln, Salz, 11/2—2 l Fleisch- oder Geflügelbrühe, Muskat, Petersilie.

Nudeln in Salzwasser extra gar kochen, abgießen, warm abspülen und in die heiße Brühe schütten. Gares Fleisch kleinschneiden und zugeben. Nudeln noch einmal aufwallen lassen. Suppengrün aus der Brühe einlegen. Abschmecken und mit Petersilie zu Tisch geben.

Brühreis

250 g Reis (knapp 2 Tassen), 1 1/2—2 l Fleisch- oder Geflügelbrühe, Petersilie. Nach Belieben 1 Blumenkohl oder 1 Tasse gare grüne Erbsen.

Reis verlesen, abspülen, in reichlich Wasser nicht zu

weich garen, durch ein Sieb gießen und mit warmem Wasser klar spülen. Dann in die siedende Brühe geben. Grüne Erbsen können direkt aus dem Glas in die Brühe eingelegt werden. Kurz durchkochen! Blumenkohl in Röschen zerlegen, in gesalzenem Wasser nicht zu weich kochen und eine beliebige Menge in die Suppe geben. Dazu kleingeschnittenes Fleisch. Mit gehackter Petersilie anrichten.

- ✧ Falls die Brühe nicht kräftig genug schmeckt, Brühwürfel oder Suppenwürze zufügen, doch erst am Schluß, sonst verlieren sie an Aroma. (Vorsicht bei zusätzlichem Salzen!) Auch Tomatenmark macht sie kräftiger. Gemüsebrühe nach Belieben zugeben.
- ✧ Frisch gehackte Petersilie nur über den Teil der Suppe geben, der sofort gegessen wird. Mit Grünzeug aufbewahrte Suppe säuert leichter.

Gemüsesuppen

In 2 l kochende Rindfleischbrühe 1 kg geputztes, zerkleinertes Gemüse und 750 g gewürfelte Kartoffeln geben. Beliebt ist die Zusammenstellung Möhren, Kohlrabi, grüne Erbsen (Konserven), Blumenkohlröschen und Kartoffeln. Das Gemüse wird der Kochzeit entsprechend gestaffelt eingelegt und auf kleiner Flamme gar gekocht.

Weitere Vorschläge für Gemüsesuppentöpfe:

Rindfleisch mit Möhren oder Wirsingkohl und Kartoffeln.

Schweinefleisch oder Hammelfleisch mit Weißkraut oder Wirsingkohl und Kartoffeln.

Kaßlerrippchen mit Weiß- oder Wirsingkohl oder grünen Bohnen und Kartoffeln.

Beim Servieren feingehackte frische Kräuter nicht vergessen!

Grüne-Bohnen-Suppentopf

500—750 g Hammeldünnung, Salz, 1 kg grüne Bohnen, 500—750 g Kartoffeln, 1 Bund Bohnenkraut, Pfeffer, Petersilie.

Fleisch in 2—2 1/2 l Salzwasser mit Suppengrün gar kochen. Brühe durch ein Sieb gießen (wegen der Knochensplitter). Die gebrochenen oder geschnitzelten Bohnen und die gewürfelten rohen Kartoffeln darin garen. Bohnenkraut kurz mitkochen. Mit Salz, Pfeffer und eventuell noch etwas Suppenwürze abschmecken. Das von den Knochen gestreifte Fleisch einlegen. Mit gehackter Petersilie oder feingeschnittenen Bohnenkrautblättchen bestreut anrichten.

Heutzutage verzichtet man meist auf das Binden der Gemüsesuppen mit den Dickmachern Mehl und Fett, wie es zu Großmutters Zeiten üblich war. Ist jedoch die Brühe recht mager, so kann man zum Schluß eine helle leichte Mehlschwitze aus 20 g Fett und 20 g Mehl (s. S. 31) darangeben und 5 Minuten mit dem Gemüse mitkochen.

Kartoffelsuppen

gehören zu den Lieblingsgerichten in der deutschen Küche. Aber nicht nur bei uns stehen sie hoch im Kurs, auch in der internationalen Küche haben sie ihren festen Platz.

Es gibt zwei Arten der Zubereitung: Bei der einen werden nur die Kartoffeln halb zerdrückt, und das kleingeschnittene Gemüse bleibt ganz, bei der anderen wird alles passiert oder elektrisch püriert.

Wir benötigen 750 g Kartoffeln, 1—2 Bund

Suppengrün, 40 g Margarine, 1 1/2—2 l Wasser, 1/2 TL Kümmel, Salz, Pfeffer, Suppenwürze.

1. Methode: Die geschälten Kartoffeln in Würfel schneiden und mit dem geputzten, kleingeschnittenen Suppengrün in Margarine andünsten. Wasser zugießen, mit den Gewürzen abschmecken und gar kochen. Die Kartoffeln müssen so weich sein, daß sie sich leicht zerdrücken lassen.

2. Methode: Zutaten wie oben — zusätzlich 30 g Mehl.

Die geschälten Kartoffeln mit dem geputzten, grobzerteilten Suppengrün in 2 l leicht gesalzenem Wasser gar kochen, durchs Sieb drücken oder elektrisch pürieren. Aus Margarine und Mehl eine helle Schwitze bereiten, mit Suppe aufgießen, gut verrühren, alles in den Topf geben und noch 10 Minuten kochen lassen. Mit den Gewürzen abschmecken.

Das sind nur die Grundrezepte. Schmackhafter wird die Suppe durch eine oder mehrere der folgenden Zutaten:

- ✧ geröstete Speck- oder Schinkenwürfel
- ✧ geröstete Zwiebelringe, Semmel- oder Brotwürfel
- ✧ 1/2—1 Tasse süße oder saure Sahne, nach Belieben mit 1—2 EL Mehl verrührt
- ✧ gekochte, feingehackte Eier über die Suppe gestreut
- ✧ 2 Prisen Muskat
- ✧ etwa 200 g feingeschnittene Pilze
- ✧ in Schmalz gedünstetes, gehacktes Weißkraut
- ✧ 3—4 zerteilte, geschälte Tomaten
- ✧ in Scheiben geschnittene Bockwürste oder Knackwürste, auch angebraten
- ✧ getrocknete Kräuter wie Majoran, Selleriegrün, Liebstöckel, Thymian, gerebelt oder als Streugewürz.

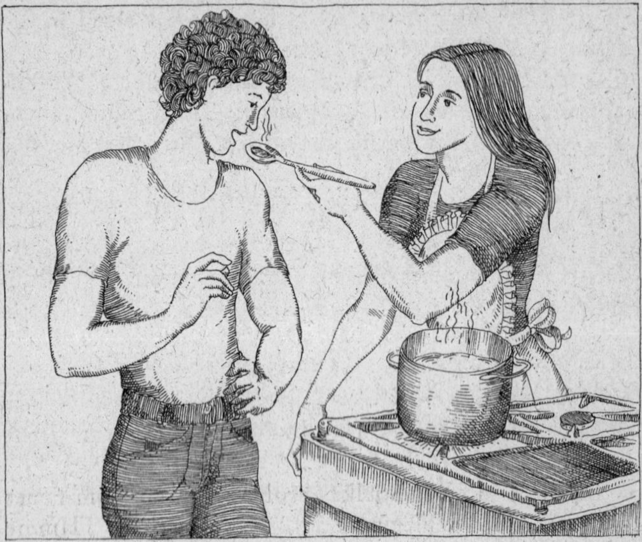

✧ frische gehackte Kräuter: Petersilie, Dill, Spinatblätter, Schnittlauch, Basilikum, Bohnenkraut, Majoran oder Thymian, Selleriegrün, Liebstöckel, Kerbel usw.

Zum Schluß für ganz eilige Köche eine

Kartoffelsuppe (expreß) (4—6 Personen)

1 Paket Feinfrostgemüse, 1/2 Paket Feinfrostspinat, 1—2 Tüten Kartoffelpüree, 2 Tassen Milch, 125 g durchwachsener Speck, 2 mittlere Zwiebeln, Bockwürste, Knacker oder Jagdwurst, Suppenwürze, Salz, Pfeffer, frische Kräuter.

Feinfrostgemüse in 1/2 l heißem, leicht gesalzenem Wasser garen. Nach Belieben pürieren. Feinfrostspinat zugeben, Wasser nachfüllen, Kartoffelpüree und Milch in die kochende Suppe einrühren. Speckwürfel anbraten, gehackte Zwiebeln und Wurstscheiben zugeben, in die Kartoffelsuppe schütten. Alles kurz aufkochen. Mit Suppenwürze, Salz und Pfeffer abschmecken und mit reichlich feingehackten Kräutern zu Tisch geben.

Soßen müssen sein

Sie sind schnell zubereitet und ergeben mit gekochtem Fleisch, Fisch oder Ei eine feine Mahlzeit, die durch gedünstetes Gemüse noch ergänzt werden kann.

Soße, hell (Grundsoße)

30—40 g Margarine, 40 g Mehl, 1/2 l Flüssigkeit (Fleisch-, Fisch-, Gemüse- oder Würfelbrühe oder Wasser), Salz, Pfeffer.

Das Fett in einer Stielkasserolle zerlassen, vom Feuer nehmen, das Mehl einrühren, wieder auf die Flamme stellen und unter ständigem Rühren so lange erhitzen, bis es hellgelb ist und sich Bläschen zeigen. Wieder vom Herd nehmen, wenig kalte bis warme, keinesfalls heiße Flüssigkeit zugießen, aufkochen lassen, glattrühren und diesen Vorgang wiederholen, bis der halbe Liter aufgebraucht ist. Würzen, 10 Minuten kochen lassen. Sollten sich dennoch Klümpchen gebildet haben, dann die Soße durch ein Sieb streichen.

- ✧ Für die Mehlschwitze nicht mehr Mehl verwenden, als das Fett aufnehmen kann.
- ✧ Ist nur heiße Flüssigkeit vorhanden, dann zuerst etwas kalte Milch zugießen.

Meerrettichsoße

Helle Grundsoße. Nach Belieben halb Milch, halb Brühe nehmen. Mit 1 Prise Zucker und Zitronensaft würzen.

Zum Schluß 2 gehäufte EL Meerrettich aus dem Glas oder frisch gerieben zugeben. Nicht gleich auf einmal unterrühren, Meerrettich ist unterschiedlich scharf. Nicht mehr aufkochen!

Kräutersoße

Helle Grundsoße, 1 Prise Zucker, 1 TL Zitronensaft, 2 EL frische kleingehackte Kräuter (Dill oder Petersilie oder eine Mischung aus mehreren Kräutern) unterrühren. Nicht mehr kochen! Es können auch 1/2—1 Tasse grüne gare Erbsen eingelegt werden.

Senfsoße

Helle Grundsoße, 1 TL Zucker, 2—3 EL Sahne, zuletzt 2 EL Senf zugeben. Nicht aufkochen!

Kapernsoße

Helle Grundsoße, ein Röhrchen Kapern, diese, nach Belieben kleingehackt, 2—3 Minuten mitkochen.

Tomatensoße

Helle Grundsoße, 2 EL Tomatenmark, 1 Prise Zucker, 1—2 TL feingeriebene Zwiebel, 1 EL kleingeschnittene Gewürzgurke. Alle Zutaten mitdünsten.

Béchamelsoße

Helle Grundsoße, halb Brühe, halb Milch oder etwas weniger Milch und 1/2 Tasse Sahne (auch saure Sahne oder saure Milch), 1 Prise Muskat.

Käsesoße

In die fertige Béchamelsoße 100 g geriebenen Käse einrühren. Mit 1 Prise Zucker, je 1 Messerspitze Paprika und Senf abschmecken.

Currysoße

30 g Margarine, 1 kleine Zwiebel, 2 TL Curry, 1 Knoblauchzehe, 1 geschälter Apfel, 2 EL Mehl, 1/2 l Brühe (Hühnerbrühe oder Würfelbrühe) oder Wasser, Salz, Zitronensaft, 1 TL Tomatenmark (kann auch wegbleiben), 1 Prise Zucker.

Margarine erhitzen, feingehackte Zwiebel goldgelb braten, Curry untermischen und 3—4 Minuten dünsten. Dann die Knoblauchzehe und den kleingeschnittenen Apfel dazugeben, das Mehl einrühren und allmählich Wasser oder Brühe aufgießen. Mit Salz, Zitronensaft, Tomatenmark und Zucker abschmecken, 8—10 Minuten sanft „köcheln" lassen. Nach Belieben mit 2—3 EL Sahne verfeinern.

Holländische Soße

Helle Grundsoße, zum Teil mit Milch kochen, mit Salz, Zitronensaft, einer Prise Muskat würzen, mit 1—2 Eiern legieren.

✧ Helle Soßen werden feiner und bekommen auch eine schönere Farbe, wenn man sie legiert. Dazu trennt man Eiweiß und Eigelb, verquirlt das Eigelb mit 1—2 EL kalter Flüssigkeit wie Milch, Sahne, Brühe, Wasser und diese Mischung wiederum mit 2—3 EL heißer Soße. Den Topf vom Feuer ziehen, das Eigelb unter Rühren mit der Soße völlig vermischen, am besten mit einem kleinen Schneebesen. Nicht mehr aufkochen! Erwärmen bis kurz vor dem Kochen unter stetem Rühren.

✧ Mit Ei gebundene Gerichte im Wasserbad aufwärmen.

Soße, dunkel (Grundsoße)

50 g Margarine, 50 g Mehl, 1/2 l Flüssigkeit, Zubereitung wie helle Soße, nur wird das Mehl so lange geröstet, bis es mittelbraun aussieht. Tüchtig rühren, damit nichts anbrennt. Unter ständigem Schlagen mit einem kleinen Schneebesen laufend möglichst kalte Flüssigkeit zugießen, aufkochen lassen und dabei jedesmal glattrühren.

Pilzsoße

Dunkle Soße. 1 Tasse geputzte, gewaschene frische Pilze kleinschneiden und 10 Minuten in Margarine dünsten. In die Soße geben und durchkochen. Getrocknete Pilze müssen vorher mehrere Stunden weichen und vorgekocht sein. Im Fett könnt ihr auch kleingehackte Zwiebeln mit anbraten.

Feine Gerichte aus gekochtem Fleisch

Frikassee von Kalbsbrust

750—1 000 g Kalbsbrust, Salz, Suppengrün, 40 g Margarine, 3 EL Mehl, 3/4 l Brühe, Muskat, Zitronensaft, 1—2 EL Weißwein, 1—2 EL Kaffeesahne, 1 Eigelb.

Fleisch mit 1 l heißem Salzwasser ansetzen (soll bedeckt sein), eine halbe Stunde später das zerkleinerte Suppengrün zugeben. Das gare Fleisch von den Knochen lösen und in möglichst gleich große mundgerechte Bissen schneiden. Aus Fett und Mehl eine helle Schwitze bereiten, mit 3/4 l Brühe auffüllen, gut durchkochen lassen. Mit Salz, Muskat, Zitronensaft und Weißwein abschmecken. Das Fleisch einlegen, aufwärmen. Dann Eigelb mit Sahne verquirlen und das Frikassee legieren. So ihr habt, könnt ihr noch gedünstete Champignons, 2 EL zarte Erbsen aus der Büchse oder 300 g nicht zu weich gedünstete Blumenkohlröschen einlegen. Wird

anstelle von Kalbsbrust Kalbfleisch ohne Knochen genommen, dann genügen 500 g.

Reicht bei einem Frikassee einmal das Fleisch nicht, kann es durch hartgekochte, in Scheiben oder Viertel geschnittene Eier ergänzt werden. Als Beilage wird Reis bevorzugt.

Hühnerfrikassee

wird auf die gleiche Weise zubereitet. Aus dem gekochten Huhn müßt ihr sorgfältig die Knochen herauslösen und das Fleisch in mundgerechte Stücke schneiden.

Rindfleisch mit Meerrettichsoße

400—500 g gekochtes, in Scheiben geschnittenes Rindfleisch (Frischgewicht), Meerrettichsoße von 1/2 l Brühe. Dazu

Klöße, halbseidene

1 kg Kartoffeln, Salz, 30 g Margarine, 1—2 Brötchen, 100 g Kartoffelstärke, 70 g Mehl, 1 großes Ei.

Kartoffeln schälen, kochen, noch heiß durch die Presse oder ein Sieb drücken, auskühlen lassen. In einem breiten Topf Salzwasser ansetzen, damit die Klöße Platz haben. Die kleingewürfelten Brötchen in Margarine rösten. Kartoffelstärke, Mehl, verquirltes Ei und 1/4 TL Salz mit der Kartoffelmasse schnell und gründlich vermengen und in 10—12 gleichmäßig große Stücke teilen. In jedes Semmelwürfel drücken, Klöße formen. Diese in wenig Kartoffelmehl wälzen und in kochendes Salzwasser einlegen. Nach dem Aufkochen die Klöße 15—20 Minuten schwach sieden lassen. Nach 15 Minuten einen Kloß herausnehmen, mit 2 Gabeln auseinanderreißen und probieren, ob er innen bereits gar ist.

- ✧ Vor dem Kochen alle Klöße fertigformen, sie müssen gleichzeitig ins sprudelnd kochende Wasser, damit sofort die Hitze reduziert werden kann.
- ✧ Klöße dürfen grundsätzlich nur ziehen (Ausnahme Hefeklöße), sonst werden sie außen zu weich oder zerfallen ganz.

Hammelfleisch mit Dillsoße — auf schwedisch

500 g Hammelfleisch, 3—4 Pfefferkörner, 1 kleines Lorbeerblatt, 1/2 Sträußchen frischer Dill, 1 TL Salz.

Das Fleisch in kochendes Wasser geben, mit Gewürzen und Dill langsam sieden lassen. Das Wasser soll gerade das Fleisch bedecken. Ist es gar — in etwa 2 Stunden —, herausnehmen, in Scheiben oder mundgerechte Stücke schneiden, in die Soße legen und kurz durchziehen lassen.

Dillsoße

40 g Margarine, 40 g Mehl, 1/2 l Brühe, 1 EL Essig, 1 TL Zucker, Salz, Pfeffer, 1—2 Eigelb, 2 EL feingehackter, frischer Dill.

Mehlschwitze bereiten, mit Fleischbrühe löschen, würzen. 10 Minuten unter Rühren leise kochen lassen. Zwischendurch Fleisch einlegen. Dann Soße mit Eigelb legieren, feingehackten Dill unterziehen. Nicht mehr kochen! Dazu Salzkartoffeln oder Klöße aus der Tüte.

Lungenhaschee

750 g Lunge, 4 Pfefferkörner, 2 Gewürzkörner, 1 Nelke, 1 kleines Lorbeerblatt, 40 g Fett, 1 Zwiebel, 30—40 g Mehl, Salz, 2—3 EL Essig, Pfeffer, Majoran.

Die Lunge sorgfältig waschen, grob zerschneiden und mit Salzwasser und den Gewürzen gar kochen. Abkühlen lassen, durch den Fleischwolf drehen, fein wiegen oder in kleine Stücke schneiden. Die gehackte Zwiebel im Fett zart bräunen, Mehl unterrühren und mit so viel Brühe löschen, daß eine sämige Soße entsteht. Die Lunge darin aufkochen und mit Salz, Essig, Pfeffer und Majoran kräftig abschmecken. Dazu Salzkartoffeln.

Hackfleischbällchen, gekochte

Aus gewürzter Hackfleischmasse (s. S. 69) Bällchen formen, in kochendes Salzwasser geben und 10 Minuten schwach sieden lassen. Die Klößchen könnt ihr mit verschiedenen warmen Soßen wie Tomaten- oder Käsesoße anrichten. Auch zu Eierfrikassee, Gemüse in Béchamelsoße oder als Einlage in Suppen sind sie eine schmackhafte Ergänzung.

Fisch auf den Tisch

Es gibt Fischgerichte, die Weltberühmtheit erlangt haben, wie die französische Bouillabaisse, die ungarische Halászlé und die russische Fischsoljanka — um nur einige der Suppen zu nennen. Sie sind kulinarische Höhepunkte auf jeder Tafel.

Wer sich aus Fisch, wie mancher behauptet, „nichts macht", bringt sich um manche Freuden, gibt es doch viele Möglichkeiten, ihn appetitlich zuzubereiten. Man kann Fisch braten, backen, kochen, dünsten, räuchern, grillen oder sauer einlegen. Man kann ihn auch wie jedes andere Fleischgericht mit Kartoffeln, Reis, Teigwaren und Gemüse anrichten.

Fisch ist nicht nur schmackhaft und preiswert, sondern auch sehr gesund. Er ist eiweißreich, fettarm und enthält wichtige Mineralstoffe und Vitamine.

✦

See- und Süßwasserfische werden vor dem Zubereiten nach dem *3-S-System* behandelt. Was heißt das?

- Das erste S bedeutet Säubern. Fischfilet kurz unter fließendem Wasser abspülen, ganze Fische ausnehmen. Darauf achten, daß die Gallenblase nicht verletzt wird. Schwarze Häutchen auskratzen, Kiemen entfernen, sie können — vor allem bei Karpfen — einen modrigen Geschmack verursachen. Den Fisch innen und außen unter kaltem Wasser gut abspülen. Wenn nötig, vorher schuppen.
- Das zweite S heißt Säuern. Das Fischfleisch mit Essig oder Zitrone beträufeln. Dadurch wird es fester, weiß und würzig.
- Das dritte S ist Salzen. Das geschieht erst kurz vor der Zubereitung.

Gut schmeckt der kräftig gewürzte

Fischgulasch, ungarisch

800 g Fischfilet, Zitronensaft oder Essig, Pfeffer, 40 g Schweineschmalz, 40 g Speck, 1 große Zwiebel, 1 gestrichener EL Mehl, 2 EL Edelsüßpaprika, 2 EL Tomatenmark, 2 Paprikaschoten, 1/2 Brühwürfel, 1 Messerspitze gemahlener oder feingehackter Kümmel, 1/2 TL Majoran, Salz.

Das kurz abgespülte Fischfilet trockentupfen und in etwa 4 cm große Würfel schneiden, mit Zitronensaft oder Essig beträufeln, mit etwas Pfeffer bestreuen. Schmalz erhitzen, die Speckwürfel glasig braten, die feingehackte Zwiebel darin goldgelb rösten, Mehl zugeben und leicht verrühren. Topf vom Feuer nehmen. Edelsüßpaprika hineinschütten und die Einbrenne mit Wasser glattrühren. Tomatenmark und die geputzten, kleingeschnittenen Paprikaschoten mit den übrigen Gewürzen zugeben. 1—2 Tassen Wasser zugießen, salzen. Fischfiletwürfel in der leicht siedenden Soße gar ziehen, nicht kochen lassen. Falls die Soße zu dünn ist, noch mit etwas in saurer Sahne angerührtem Mehl andicken. Dazu Butterreis, Salzkartoffeln, Teigwaren oder Brot.

Diese Zubereitungsart nennt man Garziehen in Soße. Sie ist ganz einfach. Hier noch ein paar Hinweise:

Fisch in verschiedenen Soßen

Ihr braucht nur eine kräftig gewürzte, dickliche helle Soße zu kochen (Fisch gibt noch Saft ab!), den vorbereiteten Fisch in Scheiben oder Würfel einzulegen und ihn 15—20 Minuten sanft köchelnd gar zu dünsten. Ihr könnt den Fisch oder das Fischfilet aber auch im Würzsud gar ziehen lassen und die Brühe zum Bereiten der gewünschten Soße verwenden. Fisch ist gar, wenn sich die Flossen leicht herausziehen lassen. Siedet er zu lange oder zu stark, wird das Fischfleisch fasrig und trocken.

- Damit die Würzzutaten ihr Aroma auf das Fischfleisch übertragen können, müssen diese 20—30 Minuten vorkochen. Erst dann wird der Fisch im ganzen oder in Stücken zugelegt. Er soll knapp bedeckt sein.
- Würzzutaten für 1 l Wasser: 1 kleine Zwiebel, 1 gestrichener EL Salz, 1/2 Suppengrün, 1 kleines Lorbeerblatt, 2 Gewürzkörner, 4 zerdrückte Pfefferkörner, einige Petersilienstiele (wenn vorhanden).

✦

Fisch wird von vielen am liebsten gebraten verspeist. Dazu eignen sich alle Fische: Kleine werden nach dem

Putzen im ganzen gebraten (10—12 Minuten auf jeder Seite), größere in Portionsstücke geteilt (je nach Dicke 5—10 Minuten je Seite). Auch hier gilt dasselbe wie für Fleisch. Der Fisch, paniert oder unpaniert, muß trocken in die Pfanne. Zum raschen Anbraten auf beiden Seiten empfiehlt sich eine höhere Temperatur. Dann muß aber bei schwacher Hitze weitergebraten werden.

Bratfisch mit Ei (2 Personen)

400 g Fischfilet kurz abspülen, trockentupfen, mit etwas Zitronensaft oder Essig beträufeln, 10 Minuten säuern lassen, dann salzen und leicht in Mehl wenden. 2 EL Öl in der Pfanne erhitzen, Filets auf beiden Seiten goldgelb braten. 2 Eier, 1 Prise Salz, 2 EL Selters und 1 gehäuften EL feingeschnittenen Dill oder Schnittlauch verquirlen, über die fertiggebratenen Filets gießen und stocken lassen. Dazu dunkles Brot oder Toast und Tomatensalat. Ihr könnt auch auf die Eier verzichten, den Fisch mit 1 EL ausgelassener Butter begießen und mit feingehackten Kräutern bestreuen. Dazu Kartoffelsalat.

Fischfilet, paniert

Filetscheiben säubern, säuern, salzen, in Mehl, Ei und Semmelmehl wenden und in heißem Öl auf beiden Seiten anbraten. Dann die Hitze reduzieren, damit die Panade nicht verbrennt, bevor das Innere gar ist. Ab und zu wenden.

✧ Tiefgefrorenes Fischfilet so weit auftauen, daß die Panade hält.

Fischschnitzel

Fischfilet in Streifen schneiden, in einer Panade aus Ei, Mehl (mit geriebenem Käse gewürzt) in Margarine goldgelb braten. Die Temperatur darf nicht zu hoch sein, sonst verbrennt der Käse.

Reis — Nahrung für zwei Drittel der Menschheit

Reis ist das am leichtesten verdauliche und bekömmlichste Getreide. Sein geringer Eigengeschmack verlangt jedoch nach Zutaten. Er kann süß und salzig, mild und kräftig zubereitet werden. Die asiatischen Völker, zu deren Grundnahrungsmitteln er gehört, tischen ihn mit scharf gewürzten Soßen auf. Aber auch unsere heimische Küche kennt wohlschmeckende Gerichte. Hier erst mal einen leckeren

Milchreis

2 Tassen Reis, 8 Tassen Milch oder Halbmilch, 1 Prise Salz, Butter, Zimtzucker.

Den Reis in einem Sieb waschen und mit dem Salz in die siedende Milch geben. Unter häufigem Umrühren

15 Minuten auf schwacher Flamme kochen; dann etwa 20 Minuten an einem warmen Ort ausquellen lassen. Mit gebräunter Butter begießen und mit Zimtzucker bestreuen. Auch Apfelmus, frische oder gedünstete Blaubeeren schmecken dazu. Für

Apfelreis

braucht ihr 500 g geschälte, in Scheiben geschnittene Äpfel. Sie werden in wenig Wasser gedünstet und unter halb in Wasser, halb in Milch gekochten Reis gehoben.

✦

Als Beilage oder als selbständiges Gericht muß der Reis trocken und körnig sein. Die einfachste Methode ist:

400—500 g Reis nach dem Verlesen auf einem Sieb abspülen und mit 1 TL gekörnter Brühe in 2 1/4 l sprudelnd kochendes Wasser geben, umrühren und 10—15 Minuten auf kleiner Flamme sieden lassen. Dann über dem Sieb abgießen und mit heißem Wasser nachspülen. Nach dem Abtropfen leicht aufschütteln und kurz abdampfen lassen. (6—8 Personen)

Dieser Reis wird garantiert locker, hat aber wenig Geschmack. Er eignet sich für Brühreis oder zu kräftig gewürzten Soßen.

Empfehlenswert ist auch die Kurzkochmethode:
1 Zwiebel, 1/2—1 EL Öl, 1 Tasse Reis, reichlich 2 Tassen Brühe oder Wasser. (2 Personen)

Die feingeschnittene Zwiebel in Öl goldgelb dünsten, den trockenen, mit einem sauberen Tuch abgeriebenen Reis zugeben, glasig schwitzen und die doppelte Menge kochende Flüssigkeit zugießen.

Nach dem Aufkochen Elektroenergie sofort und Gas 10 Minuten danach ausschalten. Gar ziehen lassen.

Praktisch ist es, den Topf, in Zeitungspapier eingeschlagen, ins Bett oder zwischen Kissen zu stellen. So kann der Reis gut ausquellen.

Butterreis

Abgetropften Reis salzen und in zerlassener Butter schwenken.

Tomatenreis

2 Tassen Reis, 1 EL Öl, 1 1/2—2 l Fleisch- oder Würfelbrühe, 40 g Margarine, 1 Zwiebel, 500 g Tomaten, 3—4 Sellerieblätter, 1 Prise Zucker, Salz, Petersilie.

Den vorbereiteten Reis in Öl glasig dünsten, heiße Brühe zugießen, und den Reis auf kleiner Flamme ausquellen lassen. Inzwischen die zerhackte Zwiebel in Margarine hellgelb rösten, die grob zerteilten Tomaten, die Sellerieblätter und 1 Prise Zucker zugeben und zugedeckt gar schmoren. Die Tomatensoße durch ein Sieb gleich in den Reis streichen. Abschmecken. Mit reichlich feingehackter Petersilie anrichten. Wird der Reis etwas dicker gehalten, passen gekochte Eier dazu.

Teigwaren — „al dente“

Bei Teigwaren gibt’s kein Schälen, Putzen, Waschen. Vielleicht sind sie deshalb bei vielen so beliebt. Man erwärmt eine Büchse Carnito oder ein halbes Glas Letscho und gibt sie zu den fertigen Nudeln.

Für die Italiener sind die Teigwaren das, was für uns die Kartoffeln sind. Sie verstehen sich darauf, sie richtig zu kochen, nicht zu pappig, sondern „al dente“ — mit Biß. Und sie geben ihnen das, was fehlt: Fett, Fleisch oder Fisch, Käse, Kräuter und Gewürze. Mit einer Schüssel Salat oder etwas Frischkost haben wir eine vollwertige Mahlzeit, denn Teigwaren rechnen zu den leeren Kalorien. Sie sättigen zwar, enthalten aber fast keine Vitamine.

Vorerst eine einfache und schnelle Methode, Spaghetti

zu ergänzen. Ihr könnt natürlich auch beliebige andere Teigwaren nehmen.

Spaghetti, neapolitanisch

500 g Spaghetti, 1 Zwiebel, 1 Knoblauchzehe, 2—3 EL Öl, 2 EL Tomatenmark, Salz, Pfeffer, 80 g frische Butter, geriebener Käse.

Die feingehackte Zwiebel und die zerdrückte Knoblauchzehe in Öl glasig schmoren. Tomatenmark und etwas Wasser zugeben, würzen. Die Soße in die Mitte der gekochten, leicht in Öl erhitzten Spaghetti geben. Butter und Käse extra reichen.

Tomatensoße, italienisch

1—2 Zwiebeln, 1 Mohrrübe, 1/2 kleine Knolle Sellerie, 1 Knoblauchzehe, je 1 gehäuften EL Basilikum und Petersilie, grob gehackt, 3 EL Öl, 800—1 000 g vollreife Tomaten, 1—2 Tassen Würfelbrühe, Salz, Pfeffer, 1/2 TL Zucker.

Anstelle von Basilikum, das die Italiener mit Vorliebe verwenden und das ganz ausgezeichnet zu Tomaten paßt, könnt ihr auch Oregano, Majoran oder Thymian nehmen. Oregano ist wilder Majoran — ihn gibt es in Spezialgeschäften.

Das grobgehackte Gemüse mit den Kräutern in Öl andünsten. Die zerschnittenen Tomaten und die Würfelbrühe zugeben und auf kleiner Flamme im halb zugedeckten Topf etwas einkochen lassen. Die Soße — es ist mehr ein dickflüssiges Püree — durch ein Sieb streichen, mit Salz, Pfeffer und Zucker abschmecken. Mit reichlich geriebenem Käse zu leicht gebutterten Teigwaren servieren.

Wenn ihr das Gemüse reibt, die Tomaten schält und zerschneidet, die Kräuter feinhackt, braucht ihr die Soße nicht zu pürieren. Mit Würfelbrühe verdünnt, habt ihr

eine feine Tomatensuppe, über die ihr noch geröstete Brotwürfel streuen könnt.

✦

Ein beliebtes italienisches Teigwarengericht ist auch

Spaghetti à la Carbonara

125 g Schinkenspeck, eine Handvoll Champignons oder andere Pilze, 1—2 EL Öl, 2—3 fleischige Tomaten, Pfeffer, Salz, 2—3 Eier, 500 g Spaghetti.

Schinkenspeck und Pilze hacken, in Öl schmoren, die geschälten, entkernten Tomaten zerschneiden, kurz mitdünsten, mit frisch gemahlenem Pfeffer und etwas Salz würzen. Die Eier verquirlen, über die Masse gießen und stocken lassen. Sofort auf die heißen Spaghetti geben.

✦

Junge Leute können eine Menge oder besser gesagt

Unmenge an Teigwaren verdrücken. Eine Packung ist meist für 4—5 Personen gerechnet, also 100—125 g pro Nase. Dabei spielt natürlich auch die Beilage eine Rolle. Gulasch mit Spätzle oder gebratene Knackwurst- oder Jagdwurstwürfel mit Spirelli sind gehaltvoller als Nudeln mit Tomatensoße. Aber etwas Maßhalten schadet nicht. Man muß ja nicht unbedingt „wie genudelt" vom Tisch aufstehen.

Deftiges für kalte Tage

Hülsenfrüchte sind nahrhaft, sättigen, schonen die Haushaltskasse und werden von so manchem Feinschmecker hoch geschätzt. Wertvoll macht sie ihr Gehalt an Kalzium, Phosphor, Eisen und vor allem den Vitaminen der B-Gruppe. Das reichlich vorhandene Eiweiß dagegen ist biologisch nicht ausreichend und muß durch Fleisch, Wurst, Ei oder Milch ergänzt werden. Durch ihren hohen Zellulosegehalt sind Hülsenfrüchte schwer verdaulich. Auch deshalb ist es gut, wenn man sie zusammen mit Gemüse verspeist und das Fehlen von Vitamin C durch Kräuter oder feingeraspeltes rohes Gemüse ausgleicht. — Ein paar Ratschläge zuvor:

- ✧ Hülsenfrüchte trocken, luftig und dunkel aufbewahren.
- ✧ Vor dem Kochen verlesen, waschen.
- ✧ Erbsen und Bohnen in kaltem Wasser über Nacht, Linsen 3—4 Stunden vor dem Kochen einweichen.
- ✧ Hülsenfrüchte mit dem Einweichwasser knapp bedeckt ansetzen und auf kleiner Flamme kochen lassen, damit sie nicht zerfallen.
- ✧ Kein Natron in das Kochwasser geben, es macht die Hülsenfrüchte zwar schnell weich, zerstört

aber die Vitamine der B-Gruppe, besser ist es, das Einweichwasser durch vorheriges Abkochen zu enthärten.

- ✧ Erst gegen Ende der Kochzeit salzen, da die Hülsenfrüchte sonst nicht völlig weich werden.
- ✧ Essig oder Zitrone ebenfalls am Schluß zugeben.
- ✧ Tempo-Hülsenfrüchte sind durch ein Spezialverfahren vorbehandelt, Garzeit 10—15 Minuten.
- ✧ Man rechnet pro Person: für einen Eintopf 120—130 g, als Beilage 180—200 g, als Suppe etwa 80 g.

Hier ein echt indisches Linsengericht.

Linsen-(Dhal-) Curry (2 Personen)

300 g Linsen, 1 große Zwiebel, 3—4 feingehackte Knoblauchzehen, 1 Gewürzpaprikaschote, 3 Nelken, etwa 3 cm Stangenzimt, 4 EL Öl, 3 TL Curry, 2 TL Tomatenmark, Salz, Zitronensaft.

Die eingeweichten Linsen mit 1/2 l Einweichwasser und einer halben gewiegten Zwiebel gar kochen. Den Rest der Zwiebel kleinhacken, mit dem Knoblauch, der Paprikaschote, Nelken und Zimt ins heiße Öl geben und etwa 5 Minuten durchbraten. Hitze verringern. Currypulver untermengen. 3—4 Minuten dünsten und mit dem Tomatenmark zu den gekochten Linsen geben. Mit Salz und Zitronensaft abschmecken. Je nach Wassermenge kann dieses Gericht dünner oder dicker zubereitet werden. Zu dickem Dhal paßt trockener Reis.

✦

Das nächste Gericht stammt aus unserer Küche.

Linsensuppe mit Blutwurst

1 Suppengrün, 400 g Kartoffeln, 1 1/2 l Knochen- oder Würfelbrühe, 1 Paket Tempolinsen, 100 g magerer

Speck, 1 große Zwiebel, 1 EL Kondensmilch, 1—2 EL Zitronensaft oder Essig, 1/2 EL Tomatenmark, 1 TL Zucker, Salz, reichlich gehackte Kräuter, 400 g Fleischblutwurst oder 4 kleine Blutwürste.

Suppengrün putzen, waschen, kleinschneiden, die geschälten Kartoffeln würfeln. Das Gemüse in der Brühe halbgar kochen. Tempolinsen zuschütten und weiterkochen. In einer Pfanne den gewürfelten Speck leicht anbraten, die gehackte Zwiebel zugeben und beides bräunen lassen. In die fertiggekochten Linsen die Kondensmilch, den Zitronensaft oder Essig, Tomatenmark, Zucker, Speck und Zwiebel unterrühren. Eventuell noch Salz zufügen. Die in dicke Scheiben geschnittene Blutwurst leicht anbraten — nicht zerfallen lassen — und auf die mit Kräutern angerichteten Linsen geben. Brot dazu reichen.

✧ Gewürfelten Speck in der Pfanne halb ausbraten, dann erst die gehackte Zwiebel zugeben. Beides knusprig braun rösten. Gibt man beides zugleich in die Pfanne, so bleibt der Speck glasig, und die Zwiebeln werden schwarz.

Weiße-Bohnen-Suppe mit Kaßlerrippchen (4—6 Personen)
500 g weiße Bohnen, 2—2 1/4 l Wasser, 500 g Kaßlerrippchen, 400—500 g Kartoffeln, 1 Bund Suppengrün, Salz, Majoran, 100 g Speck, 2 Zwiebeln.

Die Bohnen mit dem Einweichwasser und den Schweinerippchen kochen. Wenn die Bohnen nahezu weich sind, die geschälten, gewürfelten Kartoffeln und das geputzte Suppengrün hinzufügen. Ist alles gar, die Suppe mit Salz und Majoran abschmecken. Den gewürfelten Speck halb ausbraten, die gehackten Zwiebeln zugeben und schön gebräunt in die Suppe rühren.

✦

Und nun zu den Mexikanern. Ein Expreßrezept für ihr berühmtes

Chili con Carne

2 EL Öl, 250 g Schabefleisch, 250 g Hackepeter, 6 mittelgroße Zwiebeln, 1—2 Paprikaschoten, 2—3 EL Tomatenmark, 1 EL scharfer Paprika, je 1/2 TL Pfeffer und Majoran, 2 Knoblauchzehen, 1 Brühwürfel, Salz, reichlich 1/4 l Wasser, 1 Päckchen Tempobohnen.

Öl erhitzen, Hackfleisch anbraten. Die geschälten, gehackten Zwiebeln zum Fleisch geben. 5 Minuten später die gewaschene, von den Kernen befreite, kleingeschnittene Paprikaschote, die Gewürze und die gehackten Knoblauchzehen zufügen. 1/4 l Wasser zugießen. Mit den laut Anweisung gegarten Tempobohnen vermischen, durchkochen. Abschmecken und mit Weißbrot servieren. Chili con Carne ist ein dickes, recht scharf gewürztes Eintopfgericht.

Eisbein mit Erbsen und Sauerkraut

400 g geschälte gelbe Erbsen, 1 TL Majoran, Salz, 500—750 g leicht gepökeltes Eisbein, 1 Zwiebel, 1 kleines Lorbeerblatt, 8 Gewürzkörner, 4 Pfefferkörner, 500 g Sauerkraut.

Die Erbsen in dem Einweichwasser, mit Salz und Majoran gewürzt, gar kochen. Eisbein mit Zwiebel und Gewürzen ins kalte Wasser geben, knapp bedecken. Eine Stunde kochen lassen. Dann das Eisbein herausnehmen, Sauerkraut in die Brühe legen, das Fleisch obenauf geben und alles auf kleiner Flamme noch eine reichliche halbe Stunde garen. Die weichen, dick eingekochten Erbsen durch ein Sieb streichen, auf Wunsch durch gebratene Zwiebelringe ergänzen und mit dem Eisbein und dem Sauerkraut servieren. Dazu Salzkartoffeln. Senf nicht vergessen!

Der erste Braten — wohlgeraten

Es muß nicht immer nur Schnitzel oder Kotelett sein. Zugegeben, Kurzgebratenes läßt sich schnell auf den Tisch bringen.

Ein Schmorbraten braucht zwar etwas mehr Zeit, aber viel mehr Arbeit macht er nicht. Gut aufpassen müßt ihr nur anfangs, doch das dauert nicht länger als bei einem Kotelett. Danach sind nur noch ab und an ein paar Löffel heißes Wasser oder Brühe zuzugießen.

Außerdem bringt Schmorbraten so manchen Vorteil: Er läßt sich schon einen oder mehrere Tage im voraus zubereiten. Und aus einem Rest wird mit anderen Zutaten im Handumdrehen ein völlig neues Gericht.

Ein guter Braten soll saftig-weich, aber nicht fasrig sein. Um das zu erreichen, ist manches zu beachten:

- Das Fleisch kurz unter dem Kaltwasserhahn waschen, abtrocknen und würzen. Feuchtigkeit läßt das Fett schäumen und verhindert die Krustenbildung.
- Das Fleischstück soll nicht zu klein sein, sondern mindestens 1/2 kg wiegen. (Reste lassen sich gut weiterverwerten.)
- Den Schmortopf passend zur Größe des Fleischstücks wählen.
- Schmoren beginnt mit Rösten. Das Fleisch im offenen Topf ins stark erhitzte Fett legen und von allen Seiten rasch anbraten, bis sich eine braune schützende Kruste bildet, die das übermäßige Austreten von Fleischsaft verhindert.
- Als Fett zum Anbraten eignen sich Öl, Margarine (keine kalorien- bzw. joulereduzierte Margarine wie Cama) oder Schmalz. Durch Zusatz von Speckscheiben oder -würfeln bei magerem Fleisch wird der Geschmack herzhafter.
- Zwiebeln erst zugeben, wenn das Fleisch gebräunt ist, und zwar halbiert oder in grobe Stücke geschnitten. Gehackte Zwiebeln verbrennen zu schnell, die Soße schmeckt dann bitter.
- Wenn die Zwiebel etwas gebräunt ist, kann das Schmoren beginnen:
  Ungefähr 1/8 l heißes Wasser oder Brühe (Knochenbrühe!) zugießen. Am Topfrand entlanglaufen lassen, nicht aufs Fleisch geben.
- Den Braten zugedeckt in wenig Flüssigkeit schmoren. Der heiße Dampf bewirkt das Garen. Bei zuviel Flüssigkeit kocht das Fleisch und wird fasrig-trocken. Die Flamme sehr klein stellen und ab und zu die eingekochte Flüssigkeit löffelweise erneuern.

- ✧ Nützlich ist eine Kochschutzplatte, das Fleisch brennt dann nicht so leicht an.
- ✧ Beim Wenden zwei Löffel benutzen, nicht mit Gabeln ins Fleisch stechen, sonst läuft Saft aus.
- ✧ Das Fleisch ist gar, wenn es einem Löffeldruck nicht mehr nachgibt. Etwas länger schmoren schadet nichts.
- ✧ Vor dem Anschneiden das Fleisch 10—15 Minuten „ruhen" lassen.
- ✧ Die Scheiben quer zur Fleischfaser schneiden.
- ✧ Fleisch darf nicht nur angebraten werden, sondern muß durchgebraten sein, sonst wird das Entstehen von Bakterien gefördert. Fehlt es an Zeit, dann das Fleisch in eine Beize legen oder in einem essiggetränkten Tuch aufbewahren (zwei Tage).
- ✧ Für ein Fleischgericht rechnet man pro Person 100—150 g ohne Knochen, 150—200 g mit Knochen.

Nun zu den Rezepten:

Rinderschmorbraten (4—5 Personen)

600 g Schmorfleisch, Salz, 50 g Fett, 50 g Speck, Suppengrün, 1 Zwiebel, Brühe oder Wasser, 1/2 Tasse saure Sahne, 1 1/2 TL Stärkemehl.

Das kurz gewaschene, trockengetupfte Fleisch mit 1/2 TL Salz einreiben. Fett mit den Speckwürfeln im Topf erhitzen, Fleisch einlegen und rundum braun braten. Das geputzte, grobzerteilte Suppengrün sowie die Zwiebel zugeben und mittlere Hitze einstellen. Wenig heißes Wasser oder Brühe zugießen. Nach dem Aufwallen das Fleisch langsam zugedeckt schmoren lassen. Ab und zu ein, zwei Löffel Flüssigkeit nachgießen. Den garen Braten etwas auskühlen lassen, dann in Scheiben schneiden. Die Soße durchs Sieb streichen. Das

Stärkemehl mit der Sahne verquirlen, in die Soße rühren, diese abschmecken und aufkochen. Schmorzeit etwa 2 1/2 Stunden. Dazu Salzkartoffeln, Klöße oder Teigwaren und Gemüse.

Bei Rinderbraten kann eine Speckschwarte oder eine Käserinde in der Soße mitschmoren, ebenfalls einige vorher eingeweichte Trockenpilze (mit Einweichwasser). Eine Brotrinde dickt die Soße ein.

Schweineschmorbraten (4—5 Personen)

600 g Schweinefleisch. Die übrigen Zutaten (ohne Speck und saure Sahne) wie bei Rinderschmorbraten. Eine kleine Fettschicht macht das Fleisch schmackhafter. Ist es jedoch sehr fett, setzt ihr es besser mit 1/8 l Wasser an und laßt es zugedeckt dünsten, damit sich das Fett aus dem Fleisch löst. Dann das Fleisch mit Salz bestreuen und im eigenen Fett kräftig anbraten. Schmorzeit etwa 1 1/2 Stunden. Dazu Salzkartoffeln oder Klöße, Sauerkraut oder anderes Gemüse.

✧ Rind-, Schweine- oder Hammelfleisch vor dem Anbraten — am besten über Nacht — messerrückendick mit Senf bestreichen. Dadurch wird es mürber, und der Braten bekommt einen pikanten Geschmack. Auch mit getrockneten Kräutern wie Rosmarin, Basilikum, Thymian, Majoran usw. könnt ihr das Fleisch einreiben. Zu fettem Schweinefleisch paßt Beifuß als Gewürz.

✦

Kaßler ist ein schnell gepökeltes und kurz warm geräuchertes Schweinefleisch. Dem Berliner Schlachter Cassel kam eines Tages die Idee, zarte Schweinerippchen in Salzlösung zu legen und leicht zu räuchern, so erfand er das beliebte Kaßler. Es wird als Kotelett, Kammstück,

Rollbraten und Kaßlerrippchen angeboten. Wenn ihr ein Kotelettstück im ganzen schmoren wollt, dann laßt euch beim Einkauf gleich die Knochen auslösen, ihr könnt sie mit zum Braten geben oder eine Brühe für einen Krauteintopf daraus kochen.

Kaßlerschmorbraten

Zubereitung wie Schweinebraten, ohne Salzzugabe. Mit 1—2 Zwiebeln anbraten. Die Soße mit in Wasser verrührtem Mehl oder Stärkemehl andicken.

Ist das Kaßler sehr salzig, gibt man es besser mit Suppengrün in siedendes Wasser und läßt es 15 Minuten kochen. Dann wird es in 1 1/2 EL Margarine etwa 30 Minuten gebraten und dabei öfter mit Bratensaft begossen.

Kaßler braucht wenig Gewürze, es hat einen kräftigen Eigengeschmack. Besonders fein schmeckt Kaßler, wenn man es kurz vor dem Garwerden mit einem Löffel Honig bestreicht oder mit gedünsteten Pfirsichen anrichtet.

Kalbsbraten (4—5 Personen)

600 g Schmorfleisch vom Kalb, Salz, Pfeffer, 1 Suppengrün, 60—80 g Margarine.

Wie Rinderbraten zubereiten; etwas weniger scharf anbraten. Schmorzeit etwa 1 Stunde. Dazu Kartoffeln und zartes Gemüse.

Kalbfleisch kann mit wenig Salbei oder Rosmarin gewürzt werden. Anstelle von Suppengrün 1/2 Tasse Champignons, in Scheiben geschnitten, in der Soße mitgaren. Lappige Stücke zu guter Form binden, eventuell zu einer Rolle wickeln.

Hammelbraten mit Gemüsesoße (4—5 Personen)

60 g Margarine, 600—750 g Hammelkeule, Salz, 1 Möhre, 1/2 kleine Sellerieknolle, 2 Tomaten, 1 Stück

Brotrinde, 2 EL saure Sahne, 1 EL Mehl. Fett erhitzen, das leicht mit Salz eingeriebene Fleisch darin anbraten, 1/2—1 Tasse Wasser, Gemüse und Brotrinde zugeben und unter öfterem Begießen das Fleisch gar schmoren. Schmorzeit etwa 1 1/2 Stunden. Den Sud verdünnen, durch ein Sieb streichen. Das Mehl in der Sahne anrühren, die Soße damit binden und 5—10 Minuten kochen. Das Fleisch in Scheiben schneiden und noch einmal einlegen. Hammelfleisch muß sehr heiß serviert werden. Am besten in vorgewärmtem Geschirr.

Hammelbraten mit Zwiebel-Kümmel-Soße (5 Personen)
Für 750 g Hammelfleisch nehmt ihr 2—3 EL Öl, 500 g Zwiebeln, 1—2 Knoblauchzehen, Salz, 1 TL Kümmel. Wenn das Fleisch gar ist, Soße durchs Sieb streichen. Sie ist durch die Zwiebeln sämig und braucht nicht mit Mehl angedickt zu werden.

Feinschmecker mögen es, wenn Hammelfleisch einen Tag vor dem Schmoren in Buttermilch eingelegt wird.

✦

- ✧ Fleisch wird gebeizt, um weniger zarte Stücke mürbe und durch Würzen besonders wohlschmeckend zu machen. Die Beizflüssigkeit nimmt einen großen Teil der im Fleisch enthaltenen Mineralsalze, Nähr- und Geschmacksstoffe auf. Deshalb wird die Beize zur Soße verwendet. Das Fleisch nur knapp mit der Beize bedecken, ab und zu wenden.
- ✧ Gefrostetes Fleisch nicht beizen, es ist durch das Einfrieren bereits mürbe.

Sauerbraten (6—8 Personen)
1 kg Rinderschmorfleisch, 50 g Fett, 60 g Speck, 1—2 TL Mehl, 1/2 Tasse saure Sahne.

Beize: 1 Zwiebel, 1/4 Sellerieknolle, 1 Mohrrübe, je 6 Pfeffer- und Pimentkörner, 1/2 TL Wacholderbeeren (so vorhanden), 1 TL Zucker, Salz, 3/4 l Wasser, 1/4 l Essig.

Zwiebel in Scheiben, Sellerie und Mohrrübe in Stücke schneiden und mit den anderen Beizzutaten aufkochen. Das gewaschene Fleisch in eine nicht zu große Schüssel legen, mit der kalten Beize übergießen, kühl stellen und täglich wenden. Nach 2—3 Tagen das Fleisch aus der Beize nehmen, abtrocknen und in heißem Fett und mit Speckscheiben anbraten. Danach 1 Tasse heiße Beize zugießen. 15 Minuten später das Gemüse aus der Beize einlegen, ab und zu Beize auffüllen. Ist das Fleisch gar, die Soße passieren und mit in saurer Sahne angerührtem Mehl binden. Fleisch in Scheiben schneiden. Schmorzeit 1 1/2—2 Stunden. Dazu Hefe- oder Kartoffelklöße und Gemüse.

Rinderrouladen

4 Scheiben Rindfleisch, 2 EL Senf, Salz, Pfeffer, etwa 60 g fetter Speck, 1 große Zwiebel, 1 kleine Gewürzgurke (kann auch wegbleiben), 50 g Fett zum Braten, 1 TL Stärkemehl.

Die Rouladenscheiben nicht waschen, nur am Rand säubern, leicht klopfen, salzen, pfeffern und mit Senf bestreichen, Speck in Streifen oder Scheiben, Zwiebel in Ringe und die Gewürzgurke in Streifen schneiden. Die Zutaten auf die Scheiben verteilen. Die Fleischscheiben von der schmalen Seite her aufrollen, mit einer Rouladennadel oder weißem Garn zusammenhalten.

In einer Kasserolle Fett erhitzen, die Rouladen ringsum scharf anbraten. Der Topf soll gerade so groß sein, daß die Rouladen darin Platz haben. 1/2 Tasse heißes Wasser oder Fleischbrühe am Rand zugießen. Deckel auflegen und die Rouladen schmoren lassen. Ab und zu verdampfte Flüssigkeit ergänzen. Die Schmorflüssigkeit kann mit 1 Lorbeerblatt, ein paar Pfefferkörnern, 1 Prise Zucker, etwas Tomatenmark gewürzt werden. Die garen Rouladen aus der Soße nehmen, Nadeln oder Fäden entfernen, den Bratensatz mit Wasser auffüllen und mit in kaltem Wasser angerührtem Stärke- oder Weizenmehl binden. Das Mehl kann auch mit etwas saurer Sahne angerührt werden. Schmorzeit etwa 1 1/2 Stunden.

Schweinerouladen

4 Schnitzel von je 150—200 Gramm, Füllungen: erstens rohe Bratwurstmasse, Zwiebelringe, kleingeschnittene Pilze und Paprikaschoten, feingehackte Kräuter oder zweitens Zwiebel- und Speckwürfel, Thymian.

Soße mit Salz und Pfeffer und 1 TL Tomatenmark würzen und mit einem in etwas Wasser angerührten Teelöffel Mehl binden. Schmorzeit etwa 40 Minuten.

✦

Bei einem Braten wird nicht zuletzt eine gute Soße hoch geschätzt. Wenn ihr dafür noch zusätzlich etwas tun wollt, bitte sehr! Hier der Rat eines Meisterkochs:

- Nicht mit Wasser angießen, sondern mit einer Knochenbrühe.
- Dazu Knochen kleinhacken, mit Suppengemüse anrösten. Mit Wasser bedecken und folgende Gewürze zufügen: einige Piment- und Pfefferkörner, 1 Lorbeerblatt, etwas getrockneten Thymian.

  Die Knochen auf kleiner Flamme 2—3 Stunden auskochen. Die Leim- und Extraktivstoffe der Knochen machen die Soße wohlschmeckender und glänzend.
- Durch das Mitrösten von 1—2 TL Tomatenmark erhält sie ein schönes Bratenbraun und herzhaften Geschmack.

✧ Soße, die mit Weizenmehl gebunden wird, 5—10 Minuten durchkochen, bei Stärkemehl nur kurz aufkochen, sonst verliert es an Bindefähigkeit.
✧ Ein reichlicher Anteil Zwiebeln macht die Soße sämig, so daß sich ein Andicken mit Mehl erübrigt. Bei Paprikapulver und etwas Sahne kommt man ebenfalls ohne Mehl aus.
✧ Anstelle von saurer Sahne läßt sich auch Buttermilch für die Bratensoße verwenden.

✦

Ein Fleischgericht, das viele Möglichkeiten zur Ergänzung und Abwandlung bietet, ist Gulasch. Was man bei uns allerdings unter Gulasch versteht, ist ein kulinarisches Mißverständnis. Das Wort kommt aus dem Ungarischen und ist dort von jeher eine Fleischsuppe. Bei uns heißen fast alle Schmorgerichte mit kleingewürfeltem Fleisch Gulasch. Hier das Rezept für einen echten

Gulasch, ungarisch (4—5 Personen)

1 Zwiebel, 60 g Schweineschmalz, 1 EL Edelsüßpaprika, 600 g Schweine- oder Rindfleisch ohne Knochen, Salz, 3 Paprikaschoten, 2 Tomaten, 1 Knoblauchzehe.

Die kleingeschnittene Zwiebel in heißem Schmalz goldgelb rösten. Den Topf vom Feuer nehmen. Paprikapulver unterrühren, einen EL Wasser zugeben. Das gewürfelte Fleisch einlegen, salzen, mit den Zwiebeln gut vermischen und einige Minuten dünsten. Heißes Wasser zugießen, verdampfen lassen und wieder so viel zugießen, daß alles knapp bedeckt ist. Verdampfte Flüssigkeit ab und zu während des Schmorens ergänzen. Kurz vor dem Garwerden die geputzten, gewaschenen und zerschnittenen Paprikaschoten, die möglichst enthäuteten Tomaten sowie die feingeriebene Knoblauchzehe beifügen und alles zu Ende schmoren. Der Gulasch soll nicht zu dick sein. Dazu echt ungarisch: Spätzle.

- ✧ Paprikapulver darf nie in siedendes Fett gegeben werden, sonst karamelisiert es und schmeckt bitterlich. Vorher den Topf vom Feuer nehmen.
- ✧ Beim Rösten von Zwiebeln in Schmalz unter Zugabe von Paprika entwickeln sich ätherische Öle, die für die ungarische Küche typisch sind. Bei Verwendung von anderem Fett erhält das Paprikagericht auch nicht eine so schöne leuchtende Farbe.

Gulasch läßt sich vielfältig durch Gemüse oder Äpfel ergänzen. Fügt das bei, was euch am besten schmeckt.

Gulasch mit Äpfeln

80 g Margarine oder Speck, 2 Zwiebeln, 500 g gewürfeltes Schweinefleisch ohne Knochen, 2 TL Majoran, 1/2 TL Beifußblüten, 300 g geschälte, in Viertel geschnittene und vom Kernhaus befreite Äpfel, Salz, Pfeffer, 1 Prise Zucker, 1/2 Tasse Weißwein.

Zubereitung wie Grundrezept. Die Äpfel 1/2 Stunde nach dem Anbraten zugeben. Weißwein am Schluß angießen.

Szegediner Gulasch (5—6 Personen)

2 EL Schweineschmalz, 4 Zwiebeln, 1 gehäufter EL Edelsüßpaprika, 750 g Schweinefleisch (Schweinekamm), Salz, 1 TL Kümmel, 1 Knoblauchzehe, 1 EL feingehackter Dill (kann auch wegbleiben), 750 g Sauerkraut, 1 Tasse saure Sahne, 1 TL Mehl.

Die feingehackten Zwiebeln in Fett glasig dünsten, den Topf vom Feuer nehmen, wenn das Fett nicht mehr siedet, dieses gut mit dem Paprikapulver vermengen.

Dann das in Würfel geschnittene Fleisch einlegen und den Topf unter ständigem Rühren aufs Feuer zurückstellen. Heißes Wasser angießen. Mit Salz, Kümmel, Knoblauchzehe und Dill würzen. Nach kurzem Schmoren das halbgare Fleisch mit dem Sauerkraut mischen und beides fertigdünsten. Mehl mit saurer Sahne verquirlen, unter den Gulasch rühren. Das Gericht abschmecken und noch einmal aufkochen lassen.

✦

Es ist gar nicht lange her, da war ein Hähnchen noch ein Sonntagsbraten. Geflügelfleisch ist fettarm, ist kalorien- bzw. joulearm und enthält reichlich Eiweiß. Gute Gründe, es bestens zu empfehlen. Ein feines und schnell geschmortes Gericht ist

Paprikahuhn (3 Personen)

1 Goldbroiler von etwa 750 g, 2 EL Schmalz oder Speckwürfel, 1 kleine Zwiebel, 1/2 TL Edelsüßpaprika, Salz, 1 Paprikaschote und 1 Tomate (so vorhanden), 1/2 TL Mehl, 2—3 EL saure Sahne.

Den gesäuberten, gewaschenen Broiler in 8—10 Teile zerlegen. Mit einer Geflügelschere geht es am besten. Die feingeschnittene Zwiebel in Schmalz glasig braten. Den Topf vom Feuer nehmen, Paprika unterrühren und mit 1 EL Wasser wieder auf die Flamme stellen.

Die mit Salz eingeriebenen Broilerstücke auf beiden Seiten rasch schön braun braten, dann zugedeckt bei mäßiger Hitze schmoren. Ab und zu wenig Wasser zugießen.

Das gare Fleisch aus dem Topf nehmen, warm halten. Mehl in der Sahne verquirlen, zur Soße geben und diese 5 Minuten kochen lassen. Schmorzeit etwa 45 Minuten.

Dazu Spätzle, Reis oder Salzkartoffeln und Gurkensalat.

In der Pfanne brutzelt es

Pfannengerichte sind schnell fertig, erfordern aber erhöhte Aufmerksamkeit. Zum Kurzbraten eignen sich flache Fleischscheiben, die rasch gar werden, also Schnitzel, Kotelett, Schweinekamm, Filetscheiben, Leber. Aber auch Fisch, Wurst, Gemüsescheiben und noch manches andere mehr kann in der Pfanne brutzeln, braun und knusprig werden. Dazu verhilft heißes Fett. Doch welches nehmen wir?

- ✧ Öl eignet sich vor allem für Garprozesse, bei denen starke Hitze gebraucht wird, zum Beispiel bei Steaks.
- ✧ Bei hohen Temperaturen verbrennt Margarine. Man nimmt sie deshalb für helles Fleisch, Wurst, Gemüsescheiben, also für alle die Speisen, bei

denen mittlere Hitze genügt. Das trifft auch auf Butter zu. Energiereduzierte Fette wie Cama und Rahmbutter sind zum Braten ungeeignet.

- ✧ Alles Fett muß bereits vor dem Einlegen des Bratgutes erhitzt sein, sonst saugt sich dieses mit Fett voll. Außerdem bräunt es schlecht.

Bevor wir die Fleischscheiben braten, ist noch auf folgendes zu achten:

- ✧ Etwaige Haut ringsum entfernen oder vorsichtig einschneiden, sonst zieht sich das Fleisch beim Braten krumm.
- ✧ Schnitzel, Koteletts, Schweinekamm auf beiden Seiten leicht klopfen.
- ✧ Alles trocken ins heiße Fett legen. Fleischscheiben, die aus dem Stück geschnitten werden, nur am Rand säubern.
- ✧ Ist das Waschen nicht zu umgehen, das Bratgut trockentupfen.
- ✧ Gesalzen wird immer erst nach dem Braten — mit Ausnahme von panierten Scheiben.

Schnitzel

Schnitzel leicht mit Pfeffer bestreuen, in heißem Fett auf beiden Seiten je nach Dicke braten, wenig salzen und warm halten. Das Bratfett mit etwas saurer oder Kaffeesahne lösen, mit Salz und Gewürzen abschmecken und über das Schnitzel geben. Das Fleisch kann auch vor dem Braten in Mehl gewendet werden.

Paprikaschnitzel

Wie vorstehend zubereiten. Im Bratensatz pro Schnitzel eine kleine, sehr fein gehackte Zwiebel bräunen lassen. Vom Feuer nehmen, 1/2 TL Edelsüßpaprika unterrühren, 2 EL saure Sahne zugeben, die Soße rasch durchkochen und über die Schnitzel gießen. Dazu Butternudeln oder Reis.

Schweinekotelett

Sind die Koteletts dick, dann am Knochen etwas einschneiden, damit sie dort besser durchbraten. Ihr könnt sie vor dem Braten immer mal anders würzen, mit Pfeffer, feingemahlenen Kräutern wie Rosmarin, Basilikum oder Majoran oder mit Senf einreiben. Mit ein wenig Öl haften Gewürze besser. Beim Anbraten von zwei Koteletts reichen 1—2 TL Öl. Sie werden bei starker Flamme auf beiden Seiten je 1 Minute angebraten. Dann verringert ihr die Hitze, gebt noch etwas Öl oder Margarine zu und bratet die Koteletts auf jeder Seite 4—7 Minuten je nach Dicke.

Nach dem Braten könnt ihr sie mit folgenden Zutaten anrichten. (2 Personen)

- 1 Tasse in Mehl gewendete, mit Salz und 1/2 TL Rosmarin gewürzte, im Bratfett gedünstete Zwiebelringe. (Auch 1 Tasse Apfelscheiben können mitbraten.)
- 1 Tasse abgetropfte, im Bratfett erhitzte, mit Salz und Pfeffer gewürzte und mit Petersilie bestreute Dosenbohnen (vorher aufkochen!).
- 3 EL zarte, in Butter und Petersilie geschwenkte Dosenerbsen.
- 4 EL gedünstete, gut abgetropfte und entkernte Mandarinenscheiben (ohne Salz, mit ganz wenig Pfeffer).

Schweinekamm, Kaßlerkamm oder Kaßlerkotelett

Die Scheiben nach dem Klopfen mit Pfeffer würzen, leicht in Mehl wenden und auf beiden Seiten in heißem

Öl braten, dann salzen. (Vorsicht bei Kaßler!) Gut schmecken dazu reichlich gedünstete Zwiebeln oder Sauerkraut und Kartoffeln.

Schnitzel und Kotelett, paniert

Fleischscheiben leicht klopfen, salzen, nach Belieben pfeffern und panieren. In heißem Öl auf jeder Seite scharf anbraten, dann Hitze verringern.

Zum Panieren stellt ihr euch je einen Teller mit Mehl, verschlagenem Ei (oder nur Eiweiß) und Semmelmehl hin und wendet die Fleischscheiben nacheinander darin.

- ✧ Mehl und Semmelbrösel leicht abklopfen.
- ✧ Mehl, Eier oder Semmelbrösel (Paniermehl) könnt ihr mit Paprika, Curry oder Pfeffer würzen.
- ✧ Das Paniergut muß gut umhüllt sein und darf nicht liegenbleiben, sonst wird die Panade feucht und hält nicht. Auch wenn das Fett nicht heiß genug ist, fällt sie beim Braten ab.
- ✧ Das Kotelett ist gar, wenn das Fleisch am Knochen nicht mehr roh, sondern rosa aussieht.

Eine Panade saugt sehr viel Fettigkeit auf. Sollte am Fleisch außerdem noch ein dicker Fettrand sein, so schneidet ihn ab, bratet ihn aus und verwendet ihn für andere Gerichte.

✦

Für ein gutes Steak benötigt man zartes Fleisch, wie Scheiben von *Schweine-* oder *Rinderfilet*. Steaks werden nicht paniert.

Steaks

2 cm dicke Scheiben Rinderfilet leicht mit der Faust klopfen, mit Pfeffer einreiben, mit Öl beträufeln und ein

bis zwei Stunden bei Zimmertemperatur durchziehen lassen. Das abgetropfte Öl in der heißen Pfanne erhitzen und die Filets auf beiden Seiten eine Minute braten. (Steaks brauchen wenig Fett — der Boden soll gerade bedeckt sein.) Dann die Hitze drosseln und das Fleisch auf beiden Seiten 3 Minuten weiterbraten. (Bei insgesamt 3—4 Minuten ist es innen noch roh bis rosig.) Zur Garprobe mit dem Löffelrücken auf das Fleisch drücken. Es darf nur wenig nachgeben, dann ist es durchgebraten; die Bratzeit verändert sich mit der Dicke der Fleischscheiben. Das Fleisch herausnehmen, mit Salz bestreuen und auf vorgewärmten Tellern, mit einer dünnen Scheibe Kräuterbutter belegt, anrichten. Dazu Pommes frites und grüne Bohnen oder grüner Salat.

- Steaks nicht erst kurz vor dem Braten aus dem Kühlschrank nehmen.
- Der Bratensatz kann auch mit etwas Brühe gelöscht, leicht mit Mehl gebunden und durchgekocht werden.
- Wird Buttergeschmack gewünscht, einen Augenblick vor Ende der Bratzeit Butter zugeben und das Fleisch darin wenden.

Bei Steaks kommt es auf die Minute an, deshalb müßt ihr nach der Uhr arbeiten. Wenn ihr sie nicht genau zur rechten Zeit aus der Pfanne nehmt, können sie strohig und hart sein. Wollt ihr sie mit Zwiebeln anrichten, so sind diese zuerst zu braten und warm zu halten. Sie dürfen auf keinen Fall zusammen mit dem Steak in einer Pfanne brutzeln. Erstens brauchen sie länger, zweitens entwickelt sich Feuchtigkeit. Wenn das Steak herausgenommen ist, können sie rasch noch einmal im Fett braten.

Alle Pfannengerichte mögen es nicht, wenn sie stehen

müssen. Deckt bereits vorher den Tisch, stellt alles hin, was ihr braucht: Brot, Salat, Soßen usw. Erst dann wird das Fleisch in die Pfanne getan. Daß alle Speisen zur gleichen Zeit fertig sind, wird euch anfangs Schwierigkeiten machen. Seid nicht enttäuscht, wenn es nicht auf Anhieb klappt, ein wenig Erfahrung gehört dazu. Die Garzeit kann man nicht ganz exakt angeben.

Pommes frites

Tiefgekühlte Pommes frites sind bereits in Öl oder Hartfett vorgebacken. Sie werden — noch gefroren — vorsichtig in heißes Öl gegeben, nach 2—4 Minuten mit dem Sieblöffel herausgenommen und gesalzen. Wir schlagen euch vor, Tiefkühl-Pommes-frites in der Röhre zu backen. Diese wird etwa 3 Minuten stark vorgeheizt. Dann werden die gefrorenen Pommes frites auf das leicht gefettete Backblech verteilt. Bei mittlerer bis stärkerer Hitze sind sie in 20—30 Minuten schön braun und knusprig. Bestreut sie leicht mit Salz und serviert sie sofort. Langes Stehen macht Pommes frites zäh.

✦

Solltet ihr einmal Pech haben und das Fleisch durch zu langes Braten zäh geworden sein, dann gießt etwas heißes Wasser an und schmort es. Meist hilft das. So werden aus Schweineschnitzeln

Paprikaschnitzel, geschmort

Die Schnitzel aus der Pfanne nehmen und im Fett feingehackte Zwiebeln anbraten. Edelsüßpaprika unterrühren. Dann das Fleisch wieder einlegen, kochendes Wasser angießen, und die Schnitzel dünsten. Kurz bevor das Fleisch gar ist, 1—2 zerschnittene Paprikaschoten, 2—3 Tomaten (Gemüse kann auch wegbleiben) mitschmoren und die Soße mit etwas saurer Sahne andicken. Dazu Teigwaren.

Kümmelkoteletts

Die panierten und gebratenen Koteletts in einen Topf geben, mit gehackten Zwiebeln und 1—2 TL Kümmel bestreuen. So viel kochendes Wasser seitlich angießen, daß das Fleisch knapp bedeckt ist. Bei schwacher Hitze gar dünsten. Die Soße braucht ihr nicht zu binden.

Auch harte Steaks sind oft durch Schmoren zu retten. Die Soße wird mit Salz, Pfeffer, etwas Tomatenmark und Paprikapulver abgeschmeckt und mit 1/2—1 TL Mehl angedickt.

Leber

Haut, Röhren und Sehnen mit einem scharfen, spitzen Messer entfernen. Die Scheiben — pro Person etwa 100 g — in Mehl wenden (oder nicht) und in nicht zu heißer Margarine auf beiden Seiten kurz braten, bis sie einem leichten Druck mit dem Gabelrücken nicht mehr nachgeben. Nach dem Wenden der Leber können Zwiebelringe mitgebraten werden. Die Leber erst nach dem Braten salzen!

Leberragout (2 Personen)

2 kleingehackte Zwiebeln in 1 EL Öl goldgelb dünsten, 4 frische gehackte oder 2 getrocknete zerkrümelte Salbeiblätter die letzten 2 Minuten zugeben. Auf einem Teller warm stellen.

250 g Leber in 1 cm breite Streifchen schneiden, 2 TL Öl erhitzen, Leber 2—3 Minuten unter häufigem Wenden anbraten und mit Salz, Pfeffer und 1 EL Weinessig würzen. Mit den Zwiebeln vermischen und 2 Minuten zusammen braten.

Beim Anrichten gehackte Petersilie unterheben. Dazu Kartoffelbrei und grüner Salat.

Gehirn, gebraten (2 Personen)

250 g Gehirn in kaltem Wasser waschen, die Häutchen abziehen und auf einem Sieb gut abtropfen lassen. In 1 EL Margarine eine kleine feingeschnittene Zwiebel kurz anbraten, das Gehirn zufügen, mit Salz, Pfeffer und Paprika würzen, mit der Gabel zerdrücken und durchbraten. 2 Eier mit je 1 EL Wasser und 1 Prise Salz verquirlen, über das Gehirn geben und unter leichtem Wenden stocken lassen.

Leberkäse oder Römerbraten, gebraten (2 Personen)

2 Scheiben zu je 100 g in Mehl wenden, in 1 EL Fett auf beiden Seiten braun braten. Dazu Kartoffelbrei und grüner oder Tomatensalat.

Bierschinken, Jagdwurst oder Mortadella, gebraten (2 Personen)

2 fingerdicke Scheiben von der Schale befreien, wie Schnitzel panieren und braten. Unter das Semmelmehl kann auch 1 EL Reibkäse gemischt werden. Dazu Kartoffelsalat und grüner Salat oder Weißbrot und gewürzte joulearme Salatsauce.

✦

Hackfleischgerichte lassen großen Spielraum für eigene Experimente. Kaum ein anderes Fleisch kann man so abwechslungsreich zubereiten. Viel kann dabei nicht schiefgehen. Zu schwach gewürzte Hackfleischspeisen gewinnen an Geschmack durch Senf und andere scharfe Sachen, zu kräftig gewürzte lassen sich durch milde Soßen und Beilagen „entschärfen".

Grundrezept

350 g Schabefleisch, 150 g Hackepeter, 1—2 in Wasser oder Milch eingeweichte und fest ausgedrückte Brötchen oder 2—3 gekochte, zerriebene Kartoffeln oder 2—3 EL

Semmelbrösel, 1 Ei, 1 Zwiebel, feingehackt oder gerieben, Salz, Pfeffer, Paprika. Diese Zutaten mit einer Gabel oder den Händen kräftig durchmischen.

- Das Verhältnis Schabefleisch/Hackepeter kann nach Belieben verändert werden, üblich ist auch halb und halb. Bei zuviel fettem Fleisch schrumpft der Fleischklops stärker ein, weil das Fett ausbrät.
- Die Zwiebel muß sehr fein gehackt sein. Werden die Stückchen in der Hackmasse nicht gar, schmecken sie unangenehm vor. Besser ist es, die Zwiebeln zu reiben oder vorher, feingehackt, in wenig Fett glasig zu dünsten.
- Bei Hackbraten lassen sich alte harte Brötchen verwenden.
- Ist die Fleischmasse zu trocken, hilft ein wenig Brühe oder Milch nach, ist sie zu feucht und

zerfällt, dann sind Kartoffelmehl, geriebene Semmel oder Hafermark das Richtige.

Zusätzliche Gewürze für den Fleischteig sind:
Senf, Kümmel, Currypulver, Tomatenmark, Ketchup, geriebener Meerrettich, Knoblauch, Muskat, Suppenwürze, Würzsoßen, Streugewürze, saure Sahne, Joghurt, Zitronensaft, geriebener Käse, feingehackte, gedünstete Pilze und vor allem frische gehackte oder gerebelte trockene Kräuter: Majoran, Thymian, Petersilie, Basilikum, Rosmarin, Bohnenkraut, Salbei usw.

Die Hackfleischmasse kann gemischt werden mit grobgehackten garen roten Rüben, Selleriewürfeln, sauren Gurken-, Paprika- und Tomatenwürfeln, Speckwürfelchen, geraspelten Äpfeln, gekochten, kleingeschnittenen Fleisch- und Gemüseresten. In Hackbraten lassen sich gekochte Eier, Rühreier, Würstchen, Käsescheiben sowie verschiedene Gemüsearten verstekken. In diesen Fällen ist es ratsam, den Hackbraten in eine gefettete Kastenform zu füllen.

Seid ihr im Zweifel, ob ihr richtig gewürzt habt, dann bratet oder kocht rasch einen kleinen Probeklops.

✧ Wichtig! Frisches Hackfleisch kalt aufbewahren und noch am selben Tag verbrauchen; gebraten hält es sich 2—4 Tage.

Kräuterhackbraten

500 g gemischtes Hackfleisch, 3 EL Semmelmehl, Salz, Pfeffer, 1 Ei, je 1 TL feingehackte Petersilie, Basilikum, Majoran, 1/2 TL feingehackter Salbei, 1 Messerspitze gemahlener Zimt, 2 EL geriebener Käse.

Zutaten gut mischen, abschmecken, zu einem länglichen Leib formen, in einer Kasserolle in heißem Fett anbraten oder in eine gefettete, ausgebröselte kleine

Kastenform füllen. Die Oberfläche glattstreichen und in der vorgeheizten Röhre bei Mittelhitze 45—60 Minuten backen. Hackbraten wird warm in Scheiben mit Soße zu Kartoffeln und Gemüse oder zu Kartoffelsalat gegessen, kalt mit Brot und kalten Soßen.

✧ Hackbraten bleibt saftiger, wenn er mit Speckscheiben belegt wird.
✧ Bei zu scharfer Hitze kann er Risse bekommen, außerdem wird er außen zu hart und ist innen nicht durchgebraten.

Ihr könnt auch zwei kleinere Hackbraten formen und jeden mit einem 7 Minuten gekochten Ei füllen. Aufgeschnitten sehen diese kleinen Braten mit den halben Eiern in der Mitte sehr appetitlich aus.

Bratklopse

Unter den Grundteig noch 1 TL Senf und 1 TL feingehackten Kümmel mischen. Mit einem Eßlöffel Fleischteig abstechen und mit nassen Händen längliche oder runde flache Fleischklößchen formen, in Semmelbröseln oder Paniermehl wenden (kann auch wegfallen) und in heißem Fett beidseitig anbraten. Dann Hitze verringern. Öfter wenden. Nicht zudecken! Bratzeit 10—15 Minuten.

Wünscht ihr eine Soße dazu, dann gießt 1/8 l heiße Würfelbrühe in den Bratfond, würzt — wenn nötig — noch mit Salz und etwas Pfeffer. Dann rührt einen Teelöffel Stärkemehl in einem EL Kaffeesahne an und bindet die Soße. Ist zuwenig Bratfond da, so mischt ihn mit Bratensoße aus der Tüte, die nur angerührt zu werden braucht.

Im Bratfond könnt ihr auch Apfelscheiben (ohne Schale und Kernhaus) und/oder Zwiebelringe braten und beim Anrichten auf die inzwischen warm gestellten Bratklopse verteilen.

✧ Zwiebelscheiben vorher leicht in Mehl wenden, mit etwas Salz und nach Belieben mit Majoran bestreuen. So schmecken sie besonders gut. Beim Braten öfters wenden. Notfalls noch etwas Fett zugeben.

Probiert mal Bratklopse aus diesem Hackfleischteig: 250 g Schabefleisch, 250 g Hackepeter, 1 Brötchen, 2 Eier, 1 knappen TL Salz, 1/2 TL Curry, 1 Messerspitze geriebene Muskatnuß, 1 Spritzer Speisewürze. Zubereitung wie oben.

Fleischbällchen

Grundrezept halbe Menge. Formt etwa 20 Klößchen. Macht sie schön kugelrund, legt sie in eine große Pfanne mit heißem Öl und rüttelt ab und zu. Damit sie kullern können und ringsum braun und knusprig werden. Nicht zuviel in die Pfanne tun. Steckt die gebratenen Fleischklößchen auf Spieße, stippt sie in kalte Soßen oder reiht sie kalt mit Käsewürfeln auf Schaschlikspieße.

✦

Senf und Ketchup sind die bekanntesten Würzsoßen zu heißen oder kalten Buletten oder zu Hackbraten. Ihr könnt dazu aber auch eigene Soßen anrühren.

Vitamine gehören immer dazu — Gemüse von A bis Z

Als Kolumbus mit seinen Männern vor fast fünfhundert Jahren aus der Neuen Welt heimkehrte, sah man keine strahlenden Sieger. Was da von den Planken des

Schiffes an Land wankte, waren ausgemergelte Gestalten voll eitriger Wunden und von Krankheit gezeichnet. Die Ursachen dieser Krankheit kannte man damals noch nicht.

Auch James Cook kannte sie nicht, wußte aber bereits ein Mittel, sich davor zu schützen. Als er sich nämlich zu seiner Weltumsegelung anschickte, nahm er fünfzig Fässer Sauerkraut mit an Bord. Es hatte sich gezeigt, daß Menschen, die von diesem Kraut aßen, die schreckliche Krankheit, Skorbut genannt, nicht bekamen.

Heute wissen wir es genau: Sauerkraut enthält wie frisches Gemüse Vitamine und Mineralstoffe, die der menschliche Körper neben Eiweiß, Fett und Kohlehydraten braucht, um gesund und leistungsfähig zu bleiben. Auf eine richtige Mischkost kommt es an, und aus der ist das Gemüse nicht wegzudenken. Es gehört täglich auf den Tisch. Doch was hilft es, wenn wichtige Stoffe durch unsachgemäße Behandlung gemindert oder gar zerstört werden. Das kann nämlich geschehen, wenn man es mit dem Wort Gemüse zu ernst nimmt und es zu Mus kocht.

Der Gehalt an Vitaminen, Mineral- und Ergänzungsstoffen ist bei jeder Gemüseart anders, je nachdem, ob es sich um Blätter, Früchte, Wurzeln oder Knollen handelt. Deshalb ist es klug, das volle Angebot der Natur zu nutzen.

Die Joule- bzw. Kalorienangaben beziehen sich auf 100 g Substanz, das heißt genießbaren Anteil, ohne Schale usw.

Was ist bei Gemüse zu beachten?

Beim Einkauf

- Bei frischem Gemüse ist der Gehalt an Vitaminen und Mineralstoffen am höchsten.
- Kein Gemüse nehmen, das in der Sonne liegt. Kopfsalat zum Beispiel büßt nach dreistündiger Aufbewahrung in der Sonne 30 Prozent, im Schatten nur 11 Prozent seines Vitamin-C-Gehalts ein.
- Bei Feinfrost die Kühlkette zwischen Einkauf und Verbrauch nicht unterbrechen. Angetaute Ware nicht wieder einfrieren.
- Nicht zuviel im voraus kaufen. Blattgemüse möglichst am selben Tag verwenden. Spinat zum Beispiel verliert innerhalb von 3 Tagen seinen gesamten Vitamin-C-Gehalt.

Beim Aufbewahren

- Gemüse kühl und dunkel lagern (Gemüsefach), in feuchte Tücher oder Papier wickeln — außer Kartoffeln und Zwiebeln.

Beim Vorbereiten

- ✧ Nicht dick schälen! Keine rostigen Messer verwenden!
- ✧ Gemüse kurz unzerkleinert waschen, nicht im Wasser liegenlassen (wasserlösliche Vitamine und Mineralstoffe!).
- ✧ Erst unmittelbar vor dem Garen zerkleinern (luftempfindliche Stoffe).

Beim Garen

- ✧ Keine Gefäße aus Kupfer, Eisen und Aluminium verwenden. Vitamin C ist gegenüber blankem Metall empfindlich.
- ✧ Die schonendsten Garmethoden sind Dünsten, Dämpfen, Garziehen.
- ✧ Gemüse stets mit kochendem Wasser ansetzen.
- ✧ Kochen in reichlich Wasser laugt die wasserlöslichen Stoffe stark aus. Rosenkohl zum Beispiel verliert beim Kochen 45 Prozent seines Vitamin-C-Gehalts, beim Dünsten nur 15 Prozent.
- ✧ Andünsten — je nach Gemüseart — mit etwas Fett und Gewürzen wie Salz, Streuwürze, Glutal, gekörnter Brühe.
- ✧ Empfohlen wird das Andünsten mit Margarine bei Feingemüse, mit Speck bei Schmorgurken, mit Schmalz bei Rotkohl, Sauerkohl und mit Öl bei Paprika und Tomaten.
- ✧ Für 1 kg Gemüse etwa 40 g Fett und 1 Tasse Wasser nehmen, für 250 g Gemüse etwa 10 g Fett und entsprechend weniger Wasser.
- ✧ Falls beim Dünsten kein Fett genommen wurde, dann das Gemüse am Schluß in Butter, Margarine, Sahne oder geriebenem Käse schwenken.
- ✧ Umrühren verlängert den Kochprozeß, weil kalte Luft hinzukommt.

- ✧ Außerdem verflüchtigen sich dabei sauerstoffempfindliche Vitamine.
- ✧ Auf fest schließenden Deckel achten.
- ✧ Vitaminverluste bei Gemüse durch Zusatz von Rohgemüse ausgleichen. Bis 25 Prozent der Gemüsemenge roh gerieben, geraspelt oder feingeschnitten nach dem Garen unterrühren.
- ✧ Tiefgefrorenes Gemüse hat eine kürzere Garzeit als Frischgemüse. Es wird wie anderes Gemüse in ein kochendes Wasser-Fett-Gemisch gelegt und bei milder Hitze zugleich aufgetaut und gegart.
- ✧ Gemüse soll nicht verkochen, sondern „bißfest“ sein.
- ✧ Bei Eintöpfen oder gemischten Gemüsebeilagen die Sorten der Garzeit entsprechend einlegen.

Was versteht man unter Kurzkochmethode?

Bei dieser leider noch zuwenig verbreiteten Garungsart werden die Lebensmittel, vor allem Gemüse, mit wenig heißem Wasser und etwas Fett angesetzt. Nach dem Aufkochen läßt man das zerkleinerte Gemüse — je nach Art — 5 bis höchstens 30 Minuten sieden und danach eine bestimmte Zeit ohne Energiezufuhr garziehen. Wird die Hitzequelle ausgeschaltet, sinkt die Temperatur langsam bis auf etwa 80—75 °C. Das reicht immer noch aus, um das Gemüse weiter garen zu lassen. Voraussetzung ist natürlich ein fest sitzender Topfdeckel. Bei Strom wird sofort nach dem Aufkochen abgeschaltet, um die Speicherwärme zu nutzen. Bei dieser Methode spart man nicht nur Energie (Gas 40 Prozent, Strom 50 Prozent) ein, sondern der Verlust an hitzeempfindlichen Vitaminen und Mineralstoffen ist geringer; das Gemüse schmeckt voller und arteigener. Sollte es beim erstenmal nicht hundertprozentig klappen, so gebt nicht auf. Wie bei allem Neuen muß jeder auch hier Erfahrungen sammeln. Und bitte nicht vor Ungeduld zwischendurch den Deckel lüften!

✦

Beginnen wir unser Gemüsealphabet mit den *Auberginen:* Leider weiß man bei uns immer noch nichts Rechtes damit anzufangen. Dabei schmecken sie gedünstet und gebraten ausgezeichnet. Die vitaminreiche Schale braucht nicht entfernt zu werden, nur der Stielansatz ist abzuschneiden (105 kJ = 25 kcal).

Auberginenscheiben, gebacken

Die Früchte in etwa 2 cm dicke Scheiben schneiden, etwas salzen und mit ein paar Tropfen Zitronensaft würzen. In Mehl wenden oder mit Ei und geriebener Semmel panieren. Dann auf beiden Seiten in der Pfanne braten. Dazu Butterreis und Tomatensoße.

Gut schmecken sie auch heiß mit kalter Remouladensoße.

Auberginen, gefüllt

Auberginen können wie Paprikaschoten, Gurken, Tomaten und anderes mit Hackfleischmasse gefüllt werden. Ihr müßt sie längs teilen und den Rand ein wenig einschneiden, weil sich die Schale beim Dünsten zusammenzieht. Das ausgeschälte Auberginenfleisch wird unter die Hackfleischmasse gemischt. Die gefüllten Früchte in Öl mit gehackten Zwiebeln anbraten und die Soße mit Tomatenmark würzen.

✦

Nicht nur Wohlgeschmack und Bekömmlichkeit des *Blumenkohls* sorgen für seine Beliebtheit, auch der Gesundheitswert ist erheblich. Blumenkohl ist reich an Vitamin C und Mineralsalzen und hat einen beachtlichen Anteil Vitamin-B-Komplex (70 kJ = 17 kcal).

Soll der geputzte Kopf im ganzen gekocht werden,

dann legt ihn 10 Minuten in kaltes, kräftig gesalzenes Wasser, damit die kleinen Insekten, die eventuell in den Röschen stecken, herauskommen.
Kurzkochmethode: Röschen 10 Minuten sieden, 10 Minuten garziehen lassen.

✧ Damit der Blumenkohl schön weiß bleibt oder wird, etwas Milch oder den Saft einer halben Zitrone ins Dünstwasser geben.

Blumenkohl mit Käsesoße, überbacken

1 Kopf Blumenkohl, Salz, 40 g Butter, 40 g Mehl, 1/4 l Milch, 1/4 l Dünstwasser, Muskatnuß, Zitronensaft, 2 Eigelb, 125 g geriebener Käse, 2 Eischnee, Butterflöckchen.

Blumenkohl in wenig Salzwasser nicht zu weich garen und abgetropft in eine eingefettete Auflaufform legen.

Aus Butter, Mehl und Flüssigkeit eine helle Soße bereiten, mit den Gewürzen abschmecken. Legieren, Käse und Eischnee unterheben. Soße über den Kohl geben und in der Röhre kurz überbacken. Dazu: Petersilienkartoffeln.

Blumenkohlgemüse

Blumenkohl nicht zu weich dünsten. Er muß noch „Biß" haben. Gut abtropfen lassen, mit gebräunter Butter oder mit in Butter gebräunten Semmelbröseln anrichten.

✧ Fettsparend: Erst Semmelbrösel rösten, dann Butter zugeben.

Blumenkohl wird auch gern mit holländischer Soße übergossen. Die Soße soll dick sein und gut decken.

Blumenkohlsalat

Blumenkohl in Röschen zerpflücken, in wenig Salzwasser 10 Minuten garen, gut abtropfen lassen und sofort in einer Marinade aus Öl, Essig (3 : 1), Salz, Pfeffer und kleingewürfelten Zwiebeln übergießen. Es kann auch joulereduzierte Salatsauce oder -creme sein, die mit wenig saurer Sahne oder Mayonnaise und reichlich feingehackten Kräutern gemischt wird. Salat gut durchziehen lassen. Tomatenviertel und/oder gegarte Brechbohnen sind eine passende Ergänzung.

Grüne Bohnen haben einen bedeutenden Vitamin- und Mineralstoffgehalt und schmecken am besten, wenn die Kerne noch klein sind (128 kJ = 31 kcal). Beim Putzen Spitze und Stiel abschneiden und Fäden abziehen. **Kurzkochmethode:** Grüne Bohnen zerteilt 15 Minuten sieden, 15 Minuten garziehen lassen.

✦

✧ Grüne Bohnen enthalten roh den giftigen Eiweißstoff Phasin, sind gekocht jedoch völlig ungefährlich. Grüne Bohnen in der Büchse oder Reste vor dem Essen aufkochen.

Bohnengemüse

500 g grüne Bohnen, 1 kleines Bündel Bohnenkraut, Salz, Suppenwürze, Pfeffer, 1 TL Butter, Petersilie.

Bohnen unzerteilt mit Bohnenkraut in wenig Salzwasser garen. Mit ein paar Spritzer Suppenwürze und wenig Pfeffer würzen. Gut abtropfen lassen und in Butter schwenken. Mit feingehackter Petersilie anrichten. Dazu Schmorbraten mit Klößen oder Röstkartoffeln und Heringsfilets (eine Delikatesse!).

Bohnensalat

500 g geschnippelte oder gebrochene grüne Bohnen nach der Kurzkochmethode mit Bohnenkraut gar kochen, abtropfen lassen. Einen Schuß Essig darüber gießen und die Bohnen im Topf gut durchschütteln. Sie halten sich im Kühlschrank mehrere Tage. Diese Bohnen könnt ihr mit Salz, feingehackten Zwiebeln, etwas Öl und frischen gehackten Bohnenkrautblättchen als Salat anrichten.

Sehr schmackhaft und erfrischend ist ein

Bohnen-Gurken-Salat

Unter die gesäuerten Bohnen wird geraspelte oder in feine Scheiben geschnittene grüne Gurke gemischt. Mit Öl, Salz und wenig Pfeffer abschmecken. Dill oder Bohnenkrautblättchen, feingeschnitten, daruntermischen und den Salat sofort auftragen.

✦

Beim *Chicorée* wird häufig der „bittere“ Keil am Triebansatz ausgeschnitten, doch Liebhaber schätzen gerade diesen Geschmack. Sie tun gut daran, denn „was bitter ist dem Mund, ist innerlich gesund“. Gesund für Leber, Galle, Bauchspeicheldrüse, für den Verdauungsapparat (65 kJ = 16 kcal)!

Chicoréegemüse

Die geputzten Stauden in zerlassenem Fett mit wenig Wasserzugabe dünsten, mit Salz und Zitronensaft würzen und mit holländischer Soße anrichten. Dazu Butterreis mit gewürfeltem Kochschinken.

✦

Chinakohl ist uns in der salatarmen Zeit sehr willkommen, hat er doch hochwertiges Blatteiweiß und einen hohen Vitamin-C-Gehalt (65 kJ = 16 kcal).

Den Kopf nach dem Putzen im ganzen unter fließendem Wasser waschen, abtropfen lassen und von der Spitze her in feine Streifen schneiden. Am günstigsten ist es, von dem zarten Grün einen Salat zu machen und die Rippen wie Spargel zu dünsten oder quer in breite Streifen zu schneiden und mit anderem Gemüse zusammen für einen Eintopf zu verwenden. Außerdem schlagen wir euch für die dicken Rippen ein interessantes asiatisches Pfannengericht für 2 Personen vor, nämlich

Chop Suey

125 g Schnitzelfleisch, Chinakohlrippen von einem halben Kopf, 1/2 Tasse Pilze, 2 EL Öl, 1 Knoblauchzehe, 2 EL zarte grüne Erbsen, 2 Stengel Zwiebellauch oder 1 kleine Zwiebel, 1 1/2 EL Suppenwürze, 1/2 EL Stärkemehl, 2—3 EL Fleischbrühe.

Das Fleisch quer zur Fleischfaser in papierdünne Scheibchen schneiden. Chinakohlrippen fingerbreit, Zwiebellauch in feine Ringe und die geputzten und gewaschenen Pilze blättrig schneiden. Öl in einer großen Bratpfanne erhitzen. Fleisch braten, bis es grau aussieht, dann nach hinten an den Rand schieben. Nacheinander die feingeschnittene Knoblauchzehe, Pilze, Erbsen, Chinakohlrippen und Zwiebellauch unter leichtem Wenden gar dünsten. Die Zutaten müssen noch bißfest sein. Fleisch und Gemüse mischen und die Suppenwürze mit in Wasser verdünntem Stärkemehl unterrühren. Bei Bedarf etwas Fleischbrühe zugießen. Noch 5 Minuten dünsten. Dazu körnig gekochter Reis.

✦

An grünen Gurken gefällt uns nicht nur der frische Geschmack, sondern auch die geringe Joulezahl (30 kJ = 7 kcal). Sie haben den höchsten Wassergehalt (97,3 Prozent), der Rest ist reich an Mineralstoffen und enthält die Vitamine B und C. Junge Schlangengurken möglichst nicht schälen, sondern nur waschen. Die wertvollen Vitamine sitzen vor allem unter der Schale.

✧ Gurken von beiden Seiten anschneiden und probieren, ob sie bitter schmecken.

Schmorgurken

2 Schmorgurken, 1—2 EL Speckwürfel, 4 EL saure Sahne oder Kondensmilch, 1 TL Mehl, Salz, Pfeffer, Zitronensaft, 1 EL gehackter Dill.

Die Gurken schälen, längs halbieren, die großen Kerne ausschaben. Die Hälften in zwei Zentimeter dicke Stücke schneiden und im ausgelassenen Speck 15 Minuten auf kleiner Flamme dünsten. 1—2 EL Wasser zugießen. Das mit Sahne verquirlte Mehl zugeben, die Gurken unter leichtem Wenden aufkochen und weitere 5 Minuten garen. Mit Salz, Pfeffer und Zitronensaft abschmecken und mit Dill bestreuen. Dazu Kartoffeln und Frikadellen.

✦

Die *Kartoffel* haben sogar Dichter besungen, Maler wie van Gogh die unscheinbare braune Knolle abgebildet, an die wir uns so gewöhnt haben. Mit der Kartoffel decken wir regelmäßig einen beachtlichen Teil an lebenswichtigen Nährstoffen. Sie ist die wichtigste, über das ganze Jahr fließende Vitamin-C-Quelle, selbst wenn sie im Mai oder Juni nahezu am Versiegen ist. Aber da kommen schon die begehrten „Neuen" auf den Markt. 100 g Kartoffeln ohne Schale enthalten 20 g Kohlehydrate, 2 g Eiweiß, die Vitamine A, B_1, B_2, C und Niazin sowie Kalzium, Phosphor und Eisen — der Rest ist Wasser (294 kJ = 70 kcal). Die vitaminreichste Schicht bleibt nur bei ganz dünnem Schälen verschont.

✧ Grüne Stellen und Keime ausschneiden, sie enthalten das giftige Solanin.

Kurzkochmethode: Das Verhältnis von Kartoffeln und Wasser soll 5 : 1 sein, also für 1 kg Kartoffeln werden 200 ml, das sind 1 1/2 Tassen Wasser, benötigt.

Die geschälten Kartoffeln in heißes Wasser einlegen, aufkochen und 10—12 Minuten bei gut schließendem Deckel sieden lassen. Danach Gas abschalten. Die Kartoffeln müssen noch 16—18 Minuten garziehen. Beim Elektroherd wird gleich nach dem Aufkochen ausgeschaltet und die Nachwärme genutzt.

✧ Gare Salzkartoffeln nach dem Abgießen im offenen Topf kurz über der Flamme abdampfen lassen und leicht schütteln. So werden sie trocken und schön mehlig.

✧ Pro Person rechnet man 200—250 g geschälte Kartoffeln als Beilage.

Für kein Gemüse gibt es so viele Rezepte wie für Kartoffeln. Man dünstet, kocht, brät und bäckt sie, serviert sie im ganzen, zerschnitten oder zerquetscht, formt sie neu, ißt sie herzhaft oder süß.

Eine solche Menge Qualitäten machen neugierig, immer wieder mal eine andere Seite unserer guten alten „Tartuffel" kennenzulernen. Leider müssen wir uns aber in diesem Büchlein auf wenige Rezepte beschränken.

Fangen wir mit den Pellkartoffeln an, die gleich nach der Ernte besonders gut schmecken. Die „Neuen" kocht man gern mit etwas Kümmel oder Dill.

Pellkartoffeln mit Quark, Zwiebeln und Leinöl

Quark mit Milch kremig rühren, salzen, feingehackte Zwiebel oder Schnittlauch unterrühren. Dazu schmeckt frisches Leinöl!

✧ Kaltgepreßte Öle — dazu gehört auch Leinöl — sind reich an lebenswichtigen Fettsäuren.

Weitere Vorschläge aus der Schnellküche zu Pellkartoffeln: Leberwurst, Kräuterbutter, Fischkonserven und Heringshäckerle.

Etwas ganz Feines und Gesundes sind

Pellkartoffeln mit grüner Soße

Die berühmte grüne Soße, von der schon Goethe schwärmte, wird heutzutage aus 2 Flaschen Joghurt, 3—4 EL Mayonnaise oder 1 Flasche saurer Sahne und 1 Päckchen joulereduzierter Salatcreme, Salz, Pfeffer, 1 Prise Zucker, etwas Senf und 8—10 EL feingehackter verschiedener Kräuter hergestellt: Petersilie, Dill, Schnittlauch, Kerbel, Borretsch, Estragon, Löwenzahnblättchen oder andere — was vorhanden ist. Von kräftig schmeckenden Kräutern weniger nehmen als von den zarten!

Ihr könnt euch pro Person noch ein weiches Ei in die Soße einlegen, ein hartgekochtes durch ein Sieb drücken oder feinhacken und darüber streuen. Die dickflüssige Soße wird eiskalt zu frisch gekochten heißen Pellkartoffeln gereicht.

Pellkartoffeln mit marinierten Heringen

1 Glas marinierte Heringe (oder Makrelen) kaufen und die Soße mit Zwiebelringen, feingeschnittenem Zwiebellauch oder Schnittlauch, Scheiben von sauren Gurken und Tomaten anreichern.

Kartoffelbrei

1 kg Kartoffeln, etwa 1/4 l Milch, Salz, Muskat oder Pfeffer.

Kartoffeln schälen, nach der Kurzkochmethode garen, Wasser abgießen. Die Kartoffeln sofort durchpressen oder stampfen und würzen. Kochende Milch zugießen und den Brei schön locker schlagen. Wer will, kann ausgebratene Speckwürfelchen, einen Stich Butter oder Feinmargarine unterrühren.

Kartoffelbrei mit Bratwürsten und Sauerkraut

Die Würste vor dem Braten in kochendheißem Wasser 5—10 Minuten ziehen lassen, damit sie nicht platzen, abtrocknen, in Milch oder Mehl wenden und in wenig Öl oder Margarine auf nicht zu starker Flamme braten.

Kartoffelbrei mit Blutwurst

250 g Bauern- oder Thüringer Blutwurst häuten und würfeln, 2—3 Äpfel schälen, in kleine Scheiben schneiden

und mit etwas Zitronensaft beträufeln. Erst die Wurst kurz braten, dann die Apfelscheiben in dem Fett rösten und beides auf dem Kartoffelbrei anrichten.

Unser nächstes Gericht heißt

Himmel und Erde

750 g Kartoffeln, 750 g möglichst säuerliche Äpfel (Fallobst!), Salz, Zucker, 1 EL Öl, 2 EL Speck, 2—3 große Zwiebeln.

Die geschälten, gewürfelten Kartoffeln in wenig kochendem Wasser ansetzen, halbgar dünsten, dann die geschälten, in Stücke geschnittenen Äpfel einlegen, aufkochen und zugedeckt garziehen lassen. (Sind die Äpfel sehr fest, müßt ihr sie früher zu den Kartoffeln geben.) Einen lockeren Brei stampfen. Mit Salz abschmecken, eine Prise Zucker zugeben. Mit in Öl und Speck gebratenen Zwiebelringen anrichten.

Basler Karottenmus

1 kg Kartoffeln, 1 kg Möhren oder Karotten zusammen in wenig Wasser dünsten, abgießen, durchpressen und mit etwas heißer Milch, Butter und 1—2 Eigelb verrühren. Mit Salz, Pfeffer oder Muskat würzen.

Französisches Zwiebel-Kartoffel-Püree

1 kg Kartoffeln, 500 g grob zerteilte Zwiebeln zusammen dünsten, Wasser abgießen. Einen Brei stampfen und wie oben zubereiten und würzen.

Grüner Kartoffelbrei

Unter Kartoffelbrei zum Schluß feingehackte Kräuter mischen.

Röstkartoffeln

Wenig Öl in einer Pfanne erhitzen, geschälte, kleingeschnittene Pellkartoffeln einlegen, mit Salz bestreuen und immer wieder rütteln, damit sie ringsum bräunen.

Kartoffelsalat

1 kg Kartoffeln, 2 Äpfel, 1 kleingewürfelte Gewürzgurke, 1 Tasse nicht zu weich gekochte Selleriewürfel — Marinade: 1 Flasche Joghurt, 2 EL Mayonnaise, 1 kleine geriebene Zwiebel, 1 TL Senf, Salz, Pfeffer, 1 Messerspitze Zucker, Petersilie, Schnittlauch.

Die geschälten Pellkartoffeln noch heiß in Scheiben schneiden. Den Apfel mit der Schale raspeln und mit der Gurke und dem Sellerie zu den Kartoffeln geben. Die Zutaten für die Marinade verrühren und den Salat darin durchziehen lassen. Vor dem Anrichten reichlich gehackte Petersilie und feingeschnittenen Dill oder andere Kräuter unterheben. Dazu Spiegeleier.

Kartoffelsalat zieht besser durch, wenn er noch warm zurechtgemacht oder zumindest mit einer Marinade aus Essig und Öl, Salz und Pfeffer übergossen wird. Gemüse, Fleisch oder Wurst können notfalls später hinzugefügt werden.

Beliebte Zutaten sind: Zwiebeln, Äpfel, gegarter Sellerie, saure Gurken, Paprikaschoten, Tomaten (nur das feste Fleisch), Radieschenscheiben, grüne geraspelte Gurke, Lauchzwiebelringe und Kräuter. Ihr könnt auch ein Paket tiefgefrorenes Mischgemüse nicht zu weich dünsten und abgekühlt dazugeben.

Früher wurde Kartoffelsalat ausschließlich mit Mayonnaise angemacht. Heute verrührt man sie — wenn man nicht ganz darauf verzichtet — mit Joghurt, joulearmen Salatsoßen oder saurer Sahne, wobei der Mayonnaiseanteil nur gering ist. Auch Fleischsalat könnt ihr untermischen und vorher noch mit jouleärmeren, geschmeidigeren Zutaten „strecken“. Andere Fettzusätze sind Öl oder zerlassene Speckwürfel. Einige Löffel

Marinade von eingelegten sauren Gurken, Paprikaschoten, Mixed Pickles usw. sind eine pikante Würze.

Aus all den Vorschlägen merkt ihr schon, daß ihr den Salat je nach Angebot, der zur Verfügung stehenden Zeit und eurer augenblicklichen „Finanzlage" variieren könnt. Die Beilagen spielen natürlich auch eine Rolle: Ein magerer Salat paßt zu einem panierten Schnitzel, ein anderer kann, mit ein paar Tomatenvierteln und Eischeiben garniert, eine vollwertige Mahlzeit sein.

Specksalat

1 kg gekochte Kartoffeln, 1/4 l Brühe (auch Würfelbrühe), 1 EL Öl, 3 EL feingehackte Zwiebeln, 1 TL Senf, 3—4 EL Essig, Salz, Pfeffer, 1 Prise Zucker, 60 g Speck, 1 Salatgurke, 2 EL feingehackter Dill.

Die frisch gekochten, geschälten Pellkartoffeln in Scheiben schneiden. Heiße Brühe mit Öl, Zwiebeln, Senf, Essig verrühren, mit den Gewürzen abschmecken und sofort über die Kartoffeln geben. Den Salat gut durchschwenken und kurz ziehen lassen. Inzwischen die grüne Gurke schälen, grob hobeln oder in feine Scheiben schneiden. Gurke unter den Salat heben und die ausgebratenen Speckwürfel heiß untermischen. Mit Schnittlauch oder Petersilie bestreuen und sofort auftragen. Dazu Rühr- oder Spiegeleier oder gebackener Fisch.

Anstelle der Gurke könnt ihr eine Handvoll geputzte, gründlich gewaschene, etwas zerschnittene Rapünzchen in den Salat geben.

✧ Möglichst feste Kartoffelsorten nehmen, keine mehligen.

✧ Kartoffelsalat verdirbt rasch, vor allem an heißen Tagen.

Ganz fix läßt sich

Kartoffelsalat mit saurer Sahne

anrichten. 1 kg gewürfelte oder in Scheiben geschnittene Kartoffeln mit einer schaumig gerührten Soße aus 1/4 l saurer Sahne, 2 Eigelb, 1 TL geriebener Zwiebel, Salz, Pfeffer, Zitronensaft und Kräutern vermengen.

Bratkartoffeln

gehören zu den beliebtesten Schnellgerichten. Der eine schneidet sie in Würfel, der andere in Scheiben. Kräftiger schmecken sie, wenn ihr sie mit Speck- und Zwiebelwürfeln anbratet. Knuspriger werden sie, wenn ihr beim Braten etwas Mehl durch ein Sieb darüber stäubt. Eine preiswerte Beilage ist Sülze mit Sauce Vinaigrette (s. S. 127) oder mit einer dicken Remouladensoße überzogen. Mimosensülze bekommt ihr, wenn ihr sie mit wenig Öl und Essig beträufelt und ein hartgekochtes, feingehacktes Ei darüber streut. Das Hacken geht ganz fix mit dem Eischneider.

Bratkartoffeln müssen nicht immer gleich schmecken. Wertet sie am Schluß mit frischen, feingehackten Kräutern auf. Schnittlauch paßt gut dazu; doch probiert auch mal Bohnenkraut- oder Thymianblättchen. Im Winter könnt ihr ein wenig getrocknete Kräuter dazwischengeben. Manche lieben Bratkartoffeln mit Kümmel, andere wieder schwärmen für eine Prise Kurkuma (Gelbwurz). So hat jeder sein eigenes Rezept. Leider schlucken Bratkartoffeln viel Fett. Hier einige

Tips zum Fettsparen

- ✧ Keine warmen oder zu mehligen Kartoffeln braten.
- ✧ Kartoffeln würfeln. In Scheiben verbrauchen sie

etwa 40 Prozent Fett mehr als in Würfelform. (Kleine ganze Kartoffeln benötigen etwa 60 Prozent weniger als Scheiben.)

- Keine Margarine oder Butter, sondern Öl, Schmalz oder Speck nehmen, die sich stärker erhitzen.
- Die Kartoffeln erst in die Pfanne geben, wenn das Fett sehr heiß ist.

✦

Weiß-, Rot- oder Wirsingkohl ist nicht nur ein äußerst preiswertes Gemüse mit wenig Abfall. Es steht uns auch den ganzen Winter über zur Verfügung. Neben Vitaminen der B-Gruppe enthält es vor allem Vitamin C. 200 g Kohl decken unseren Tagesbedarf, allerdings nur, wenn der Kohl bald nach dem Zerkleinern roh gegessen wird. Beim Kochen gehen 50 Prozent des Vitamin C verloren. An Mineralstoffen enthält Kraut Kalzium, Magnesium, Kalium und Eisen (Weißkohl 80 kJ = 19 kcal, Rotkohl 88 kJ = 21 kcal).

Den gesäuberten Kohl im ganzen waschen, dann vierteln, den Strunk ausschneiden und je nach Weiterverwendung verarbeiten.

Kurzkochmethode: Kohl in Streifen schneiden, 10 Minuten sieden, 10 Minuten garziehen. Bei Weiß-, Rot- und Wirsingkohl 1/5—1/4 des Rohanteils zurückbehalten, feinschneiden und nach dem Garen unterheben.

Krautnudeln (2 Personen)

250 g Bandnudeln oder Spirelli, Salz, 1 Zwiebel, 30 g Fett, 200 g Weißkohl, Muskat, Pfeffer, Kräuter.

Die Nudeln gar kochen, abgießen und abschrecken. Die gewürfelte Zwiebel in Speck oder Öl leicht bräunen, den nicht zu fein geschnittenen Weißkohl mit 1 1/2 Tasse Wasser zugeben und zugedeckt gar dünsten. Dann Kraut und Nudeln vermischen, mit Salz, Muskat und Pfeffer abschmecken und feingehackte Kräuter unterrühren. Dazu gebratene Wurst.

Am gebräuchlichsten ist es, Kraut mit Speck und Zwiebel anzubraten und mit Kümmel und Lorbeerblatt zu würzen. Probiert aber auch mal Weißkraut mit Curry oder mit reichlich Speisewürze (als Ersatz für Sojasoße) oder — echt ungarisch — mit Speck, Zwiebeln, Edelsüßpaprika und saurer Sahne.

Weißkohl-Curry (2 Personen)

4 Zwiebeln, 1/2 Tasse Öl, 1 EL Currypulver, je 1/2 TL Kümmel, Paprika und gemahlene Gewürzkörner, 2 Lorbeerblätter, 4 Nelken, 600 g Weißkohl, 400 g Kartoffeln, 2—3 EL Tomatenmark, 1 Tasse Würfelbrühe oder Wasser, Salz.

Zwiebelringe in heißem Öl goldgelb dünsten, Curry darin verrühren und einige Minuten auf kleiner Flamme ziehen lassen, damit sich sein Aroma entfaltet. Die übrigen Gewürze und den fein geschnittenen Weißkohl zugeben und 10 Minuten unter öfterem Rütteln des Topfes dünsten. Die geschälten, kleingewürfelten Kartoffeln mit dem Tomatenmark und der Würfelbrühe zufügen und das Ganze auf schwacher Flamme garen. Mit Salz abschmecken.

Rotkohltopf mit Jagdwurst (2 Personen)

1 EL Öl, 1 gehäufter EL Speckwürfel, 1 große Zwiebel, 2 Äpfel, 500 g Rotkohl, 3 Nelken, je 1 Tasse Würfelbrühe und Apfelsaft, Salz, Pfeffer, 150 g Jagdwurst.

Speckwürfel in heißem Öl braten, gewürfelte Zwiebel goldgelb rösten, Äpfel schälen, in Scheiben schneiden und zu den Zwiebeln geben. 5 Minuten dünsten, dann den in Streifen geschnittenen Rotkohl mit den Nelken einlegen und ebenfalls einige Minuten dünsten lassen.

100 g Rotkohl zurückbehalten, ganz fein schneiden und als Rohanteil dem fertigen Gericht untermischen. Brühe und Apfelsaft zugießen und mit den Gewürzen abschmecken. Etwa 40 Minuten garen. Inzwischen gewürfelte Jagdwurst ohne Fett braten und unter das Kraut mischen. Dazu Kartoffelbrei.

Sauerkraut sollte vor allem in den Wintermonaten häufig auf dem Tisch stehen, am besten roh. Die natürliche Milchsäure, die durch Vergärung des im Weißkohl enthaltenen Milchzuckers entsteht, wirkt verdauungsfördernd, bakterientötend. Außerdem enthält Sauerkraut die Vitamine C (100 g soviel wie 1 Zitrone), A, B_1, B_2 und die Mineralstoffe Kalzium, Phosphor und Eisen. Einwandfreies Sauerkraut nicht waschen.

Apfelsauerkraut

40 g durchwachsener Speck, 1 große Zwiebel, 20 g Schmalz, 500 g Sauerkraut, 2 mittelgroße Äpfel, 1 Lorbeerblatt, 1 Nelke, etwas Brühe, 1 kleine Kartoffel.

Speck und Zwiebel fein würfeln, Schmalz erhitzen, Speck anbraten, Zwiebel zugeben und hellbraun rösten. Kraut locker einlegen (100 g fein hacken und als Rohanteil zurückbehalten). Die geschälten Äpfel vierteln, entkernen und in kleinen Stücken mit den Gewürzen an das Kraut geben. Etwas Brühe zugießen. Zugedeckt bei schwacher Hitze 20—30 Minuten garen. Die Flüssigkeit mit einer geschälten, feingeriebenen Kartoffel binden, das Kraut nochmals aufkochen und abschmecken. Speckschwarten können im Sauerkohl mitschmoren.

Paprikasauerkraut

750 g Sauerkraut, 2—3 EL Tomatenmark, Salz, 1 TL Zucker, 1 EL Pritamin oder 1—2 EL Edelsüßpaprika, 1—2 EL Butter.

Das Sauerkraut in wenig Wasser mit Tomatenmark, Salz und Zucker gar dünsten. Am Schluß Pritamin und Butter unterrühren.

Weitere Gewürze für Sauerkraut: Wacholderbeeren, Majoran, Knoblauch. Es wird auch in Weiß- oder Apfelwein gedünstet.

✦

Kohlrabi ist ein frühes und zugleich bis in den Herbst hinein zur Verfügung stehendes Gemüse mit hohem Eiweiß-, Kohlehydrat- und Vitamingehalt. Die reichlich vorhandenen Mineralstoffe sind zu mehr als zwei Dritteln in den Blättern enthalten (63 kJ = 15 kcal).

Die Schale wird vom Wurzelansatz her abgezogen, die Knolle geviertelt und in feine Scheiben oder Würfel geschnitten. Bei kleinen Kohlrabis genügt es, sie nach dem Schälen zu vierteln. Die Blätter werden von den Stielen gestreift, die großen gebrüht und grobgehackt, die kleinen roh feingeschnitten am Schluß unter das Gemüse gezogen.

Kurzkochmethode: Kohlrabis in Scheiben schneiden, 15 Minuten sieden, 15 Minuten garziehen.

Kohlrabigemüse

8—10 Kohlrabiknollen, 1/4 l Wasser, Salz, 1 Prise Zucker, feingeschnittenen Dill oder Petersilie, Butter oder Margarine.

Die in Scheiben geschnittenen Kohlrabis mit den kurz gedünsteten zerschnittenen größeren Blättern in wenig leicht gesalzenes, siedendes Wasser geben. Kurz vor dem Garwerden die feingeschnittenen kleinen Blätter mit 1 Prise Zucker unterheben. Das Gemüse vor dem Anrichten in Butter schwenken und mit Dill oder Petersilie bestreuen. Das Dünstwasser kann auch mit 1 TL in Kaffeesahne angerührtem Mehl gebunden werden. Dazu Kartoffeln und Schmorbraten.

Junge Kohlrabis sind schnell gar. Große Kohlrabis ohne Grün, wie sie im Winter angeboten werden, geben mit Mohrrüben, Erbsen und Kartoffeln einen schmackhaften Gemüseeintopf.

✦

Möhren und Karotten sind Gemüsearten, die roh ebenso häufig und gern gegessen werden wie gekocht. Sie sind leicht verdaulich, das erste Gemüse für das Baby ist ein Mohrrübenbrei. Besonders hoch ist der Anteil an Karotin, das im menschlichen Körper in Vitamin A umgewandelt wird. Es ist fettlöslich, deshalb gehört zu Möhren- oder Karottenrohkost immer etwas Öl, zum Saft ein wenig Sahne (122 kJ = 29 kcal).

Junge Möhren oder Karotten werden nur gründlich gereinigt, am besten mit einer Bürste, und etwas nachgeputzt, ältere Möhren geschabt.

Kurzkochmethode: Möhren in Scheiben schneiden, 10 Minuten sieden, 10 Minuten garziehen lassen. 20 Prozent der Mohrrüben roh gerieben am Schluß unterheben.

Möhren- oder Karottengemüse

500 g Möhren oder Karotten, 1 Zwiebel, 20 g Margarine, 1/2 Tasse heißes Wasser, Salz, Petersilie.

Die vorbereiteten Möhren in Stifte, Würfel oder in Scheiben schneiden. Die feingehackte Zwiebel in der zerlassenen Margarine leicht andünsten, die Möhren zugeben. Nicht rühren, sondern den Topf zugedeckt leicht rütteln. Nach einigen Minuten Wasser angießen, salzen und die Möhren nach dem Aufkochen 10 Minuten sieden und 10 Minuten ohne Energiezufuhr garziehen lassen. Mit Petersilie bestreut anrichten.

So zubereitet können die Möhren auch mit gegarten Erbsen (Konserve oder Feinfrost) und gedünsteten Blumenkohlröschen als Mischgemüse serviert werden.

Möhren-Erbsen-Blumenkohl-Salat
Aus denselben Zutaten könnt ihr mit einer Salatsoße und Kräutern einen feinen Gemüsesalat machen.

Mohrrüben lassen sich vielseitiger würzen, als es allgemein getan wird. Einige Vorschläge: Anis, gemahlener Koriander, Estragon, Pfefferminze, Dill, Bohnenkrautblättchen, Ingwer, Zitronenmelisse.

Unter allen Gemüsesorten hat *Paprika* den höchsten Gehalt an Vitamin C. Bereits 50 g davon decken unseren Tagesbedarf. Sie sollten deshalb häufig roh gegessen werden. Besonders gut schmecken die fleischigen runden Tomatenpaprika (92 kJ = 22 kcal). Nach dem Ausschneiden des Stielansatzes sind der Samenstand und die Kerne zu entfernen. Dann werden die Paprikaschoten rasch innen und außen gewaschen.

Letscho

750 g Paprikaschoten, 300 g Zwiebeln, 250 g Knoblauch- oder Schinkenwurst (auch Wurst- oder Fleischreste), 750 g Tomaten, 30 g Speck, 2 EL Öl, 1 EL Edelsüßpaprika, Pfeffer, Salz, 1 Prise Zucker.

Die Paprikaschoten in Streifen, die Zwiebeln und die Wurst in Scheiben schneiden, die enthäuteten Tomaten vierteln. Den gewürfelten Speck in erhitztem Öl glasig werden lassen, die Wurst und die Zwiebeln zugeben. Alles kurz anbraten. Wenig heißes Wasser zugießen. Erst die Paprikaschoten, dann die Tomaten zugeben, würzen und zugedeckt gar schmoren. Letscho muß eine breiige Beschaffenheit haben. Es ist auch ohne Wursteinlage schmackhaft. Dazu Reis, Teigwaren oder Weißbrot.

✦

Porree hat einen günstigen Mineralstoffgehalt und nur 85 kJ (20 kcal). Nach dem Entfernen der schlechten Blätter werden die dunkelgrünen harten Blätter stufenweise zurückgeschnitten und der Schmutz gründlich unter fließendem Wasser herausgewaschen.

Kurzkochmethode: Porree in feine Scheiben schneiden, 10 Minuten sieden, 5 Minuten garziehen.

Porreegemüse

500 g Porree, 50 g Speck, 1 gehäufter TL Mehl, 1 gehäufter TL Tomatenmark, 3/4 Tasse Wasser, Salz, 1 Prise Zucker, 1—2 EL Sahne.

Den geputzten Lauch in 2—3 cm dicke Stücke schneiden. In kleingeschnittenem Speck andünsten, mit Mehl bestäuben, Tomatenmark zugeben, Wasser zugießen. Mit Salz und Zucker würzen, gar dünsten, mit Sahne abschmecken.

Porree kann auch mit brauner Butter angerichtet oder mit Kartoffeln als Eintopfgericht gedünstet werden.

Porreereis

400–500 g Porree, 2 EL Margarine, 250 g Reis, 1/2 l Fleisch- oder Würfelbrühe, 150 g nicht zu weicher Gouda.

Den vorbereiteten Porree in 2—3 cm große Stücke schneiden. Porree mit Reis im heißen Fett andünsten, bis letzterer glasig ist. Heiße Brühe zugießen und den Reis etwa 15 Minuten auf schwacher Flamme ausquellen lassen. Geraspelten Käse unterziehen. Dazu Kurzgebratenes (Fleisch oder Wurst).

Rosenkohl gehört zu den für unsere Gesundheit wertvollsten Gemüsearten. Er hat einen hohen Vitamingehalt und ist besonders reich an hochwertigem Eiweiß (176 kJ = 42 kcal). Von den Röschen die vergilbten und angeschmutzten Blättchen lösen und die holzigen Stiele abschneiden.

Kurzkochmethode: 10 Minuten sieden, 10 Minuten garziehen.

Rosenkohlgemüse

1 EL feingewürfelter Speck, 1 EL Margarine, 500 g Rosenkohl, 1 TL Zitronensaft, 1/2 Tasse Fleischbrühe, Salz, Pfeffer, Muskat.

Speck in Margarine glasig braten, Rosenkohl mit Zitronensaft zugeben, kurz dünsten lassen. Fleischbrühe zugießen und den Rosenkohl schmoren, bis er gar ist. Die Flüssigkeit soll möglichst verkocht sein. Damit die Röschen ganz bleiben, nicht rühren, nur rütteln. Mit Pfeffer und einem Hauch Muskat würzen. — Mit geriebenem Käse und Sahne oder in Butter gerösteten Semmelbröseln anrichten.

✦

Rote Rüben oder rote Bete sind ein Wintergemüse mit hohem Karotingehalt und den Vitaminen C, B_1 und B_2

(155 kJ = 37 kcal). Die roten Rüben werden nach kräftigem Waschen ungeschält gekocht. Blattansatz nicht abschneiden. Hält man warme rote Rüben nach dem Kochen unter kaltes Wasser, läßt sich die Schale leicht mit der Hand abstreifen.

Kurzkochmethode: Geschälte, in Scheiben geschnittene rote Rüben 20 Minuten sieden, 20 Minuten garziehen lassen.

Rote-Rüben-Gemüse

1 kg rote Rüben, 40 g Fett, 2 Zwiebeln, Salz, Pfeffer, Zucker, 1 Tasse saure Sahne, 1 Bund Dill.

Rote Rüben gar kochen, schälen, in kleine Stücke schneiden oder grob hobeln. Fett im Topf erhitzen, Zwiebelwürfel andünsten, rote Rüben zufügen, würzen und saure Sahne unterheben. Mit feingehacktem Dill anrichten.

Rote-Rüben-Salat

500 g rote Rüben, 1 EL kleingewürfelter Meerrettich, 1 kleine Zwiebel, Kümmel, 1/8 l Essigwasser, Salz, 1 Prise Zucker.

Die garen Rüben schälen, in Scheiben schneiden. (Hübsch sieht es mit dem Buntmesser aus!) Mit Meerrettich, Zwiebelscheiben und Kümmel in ein Gefäß schichten. Essigwasser mit Salz und Zucker darüber gießen. Mindestens einen Tag durchziehen lassen.

✦

Der so oft als Kinderschreck verpönte *Spinat* gehört zu den Gemüsesorten mit hohem Gehalt an Mineralstoffen und Vitaminen. Anfang April wird der Winterspinat geerntet, dann ist Spinat bis November auf dem Markt. Tiefgefrorenen Spinat — mitunter auch als Blattspinat — gibt es das ganze Jahr über zu kaufen (110 kJ = 25 kcal). Bei frischem Spinat werden die Wurzeln,

schlechte Blätter, harte Rippen und — falls vorhanden — Blüten entfernt. Nach mehrmaligem gründlichem Waschen läßt man ihn auf einem Sieb abtropfen. In den fertigen Spinat 1/4 Rohanteil feingehackt untermischen und kurz darin durchwärmen.
Kurzkochmethode: Spinat durchgedreht 5 Minuten sieden, 5 Minuten garziehen lassen.

Spinatgemüse (2 Personen)

750 g Spinat, 1 EL Öl, 1 EL Speckwürfel, 1 Zwiebel, 1 gehäufter EL Mehl, 1/2 Tasse Milch, Salz, Pfeffer, Muskat.

Die gewaschenen Blätter tropfnaß in einen Topf geben, so lange bei mittlerer Hitze dünsten, bis sie zusammenfallen. Das Gemüsewasser abgießen und aufheben. Öl erhitzen, Speckwürfel glasig braten, die feingeschnittene Zwiebel anbräunen. Mehl zugeben, eine Einbrenne machen und erst mit Milch, dann mit Spinatwasser auffüllen. Den grobgehackten Spinat einlegen. Mit Salz, Pfeffer und einem Hauch Muskat würzen. Wenn kein Speck mitgebraten wurde, dann etwas Sahne unterrühren. Dazu 1—2 Spiegeleier und Kartoffeln.

✧ Spinat enthält die kalziumreduzierende Oxalsäure; es ist deshalb empfehlenswert, ihn mit Milch zuzubereiten.

✧ Spinat darf nicht aufgewärmt gegessen werden, sonst verwandelt sich das verträgliche Nitrat in das unverträgliche Nitrit.

Mit 200 g *Tomaten* ist unser Tagesbedarf an Vitamin C, mit 100 g an Karotin gedeckt. Aber die „Paradiesäpfel“, wie sie die Österreicher nennen, haben noch mehr aufzuweisen: Eiweiß, Fruchtzucker, außer Vitamin C und Karotin die Vitamine B_1 und B_2 und die Mineralstoffe

Kalium, Natrium, Kalzium, Magnesium, Eisen usw. Und diese stattliche Anzahl steckt in 6 Prozent der Frucht, alles übrige ist ... Wasser. Das wiederum bedeutet einen niedrigen Joulegehalt (85 kJ = 20 kcal). Tomaten waschen, den Stielansatz ausschneiden. Bei manchen Gerichten stört die Schale. Sie ist leicht abzuziehen. Die Tomate tritt selten allein in Gerichten auf, sie wird vielmehr häufig als würzende, aufwertende und färbende Zutat verwandt.

✦

✧ Tomaten nicht im Kühlschrank aufbewahren. Sie verlieren an Aroma.

✧ Zum Häuten kurz in kochendheißes Wasser legen, dann die Haut einritzen und abziehen.

✧ An Tomatengerichte oder -salate immer 1 Prise Zucker geben.

Tomaten, gefüllt

8—10 große feste Tomaten, 40 g Margarine, 1 EL feingewürfelter Speck, 1/4 l Wasser oder Würfelbrühe, Salz, 1 TL Stärkemehl, 1 EL Sahne, 1 Prise Zucker, Paprika.

Füllung: 250 g Gehacktes, 50 g eingeweichtes und ausgedrücktes Weißbrot, 1 feingehackte Zwiebel, 1 Ei, Salz, Pfeffer. Anstelle von Weißbrot könnt ihr 5 EL gekochten Reis nehmen.

Von den gewaschenen, möglichst gleich großen Tomaten oben einen kleinen Deckel abschneiden. Das Unterteil mit einem Kaffeelöffel vorsichtig aushöhlen (zur Suppe verwenden). Hackfleischmasse bereiten und in die Tomaten füllen. Deckel auflegen. In einem flachen Topf Fett und Speck erhitzen, Tomaten dicht nebeneinanderlegen. Brühe zugießen. Bei schwachem Feuer etwa 20 Minuten zugedeckt dünsten. Bei Bedarf Flüssigkeit nachgießen. Soße mit dem in Sahne angerührten Stärkemehl binden, mit Gewürzen abschmecken.

✦

Wenn auch die Tränen fließen, schlimmer wäre es, wenn wir ohne *Zwiebeln* auskommen müßten. Die Zwiebel ist nicht nur ein unersetzliches Gewürz und ein hochwertiges Gemüse. Die alte Spruchweisheit „Wenn die Leut' wüßten, was eine Zwiebel wert ist, würde das Stück einen Taler kosten!" stimmt mit den Kenntnissen der heutigen Ernährungswissenschaft überein. Die Zwiebel besitzt neben Vitamin C den gesamten Vitamin-B-Komplex und Wirkstoffe, die den Körper reinigen und entschlacken, den Blutdruck senken und den Kreislauf in Schwung bringen (170 kJ = 40 kcal).
Vorbereitung: Zum Schneiden von halben Ringen oder Würfeln die geschälte Zwiebel längs halbieren. Die Hälften auf ein Brett legen. Quer zu halben Ringen schneiden. Um Würfel zu erhalten, längs so weit in Streifen schneiden, daß der Wurzelansatz noch zusammenhält. Dann quer schneiden.

- ✧ Zwiebeln luftig, kühl und dunkel aufbewahren, am besten in einem dünnen Säckchen.
- ✧ Damit nicht so leicht die Tränen kommen, die „Siebenhäutige" unter fließendem Wasser abziehen oder vorher überbrühen und am offenen Fenster schneiden.

Zwiebelgemüse

750 g Zwiebeln, 4 EL Öl, Salz, Pfeffer, Zucker, 1 TL Speisestärke, 1/2 Tasse Joghurt, Zitronensaft, Petersilie.

Die Zwiebeln schälen, halbieren oder vierteln, in heißem Öl andünsten, mit wenig Salz, etwas Pfeffer,

1 Prise Zucker würzen und unter Zugabe von 3—4 EL Wasser zugedeckt gar dünsten. Speisestärke in 1/2 Tasse Joghurt verqirlen, zu den Zwiebeln geben und kurz aufkochen. Mit Zitronensaft abschmecken und mit feingehackter Petersilie bestreut auftragen. Dazu Fisch oder Fleisch und Röstkartoffeln.

Zwiebelkartoffeln, französisch (2 Personen)

2 große Zwiebeln, 2—3 EL Margarine oder Öl, 2—3 EL Mehl, reichlich 1/4 l gekörnte Brühe, Salz, Pfeffer, 500 g nicht zu weich gekochte Pellkartoffeln, 2 gehäufte EL feingehackte Petersilie.

Zwiebel in feine Ringe schneiden, in erhitztem Fett goldgelb braten, Mehl darüber stäuben. Einbrenne mit der Brühe zu einer sämigen Soße auffüllen, mit Salz und Pfeffer kräftig abschmecken. Zehn Minuten zugedeckt dünsten, verdampftes Wasser ergänzen. Die geschälten, noch warmen Kartoffeln in Scheiben schneiden und 5 Minuten bei schwacher Hitze in der Soße durchziehen lassen.

✦

Am Schluß unseres kleinen Gemüsekapitels steht der Gemüse-Eintopf. Generationen von Hausfrauen haben ihn in jahrhundertealten Erfahrungen aus dem geschaffen, was die bäuerliche Wirtschaft eines Landes hergab. So manches dieser prächtigen Nationalgerichte hat Weltruhm erlangt.

Gemüseeintöpfe sind keine Suppen

Sie dürfen nur wenig Flüssigkeit enthalten. Die Zutaten werden meist schichtweise eingefüllt, mit wenig Wasser oder Fleischbrühe begossen und auf kleiner Flamme zugedeckt gar gedünstet. Das Fleisch kann vorgekocht oder -gebraten werden, das verkürzt die Garzeit.

Grundrezept für einen Gemüseeintopf:

250—300 g Fleisch, 1/2 l Wasser, 1 kg Gemüse (eine Sorte oder gemischt), 3—4 mittelgroße Kartoffeln, Salz, Gewürze, Kräuter.

Das Fleisch würfeln, mit heißem Wasser ansetzen, 1/2—1 Stunde „köcheln" lassen. Kurz bevor es gar ist, das geputzte, kleingeschnittene Gemüse und die Kartoffeln zugeben. Bei Bedarf Wasser ergänzen. Mit gehackten Kräutern bestreut anrichten.

Anstatt mit Fleisch könnt ihr das Gemüse auch mit Fett oder Speck anbraten oder es durch Kraftfleisch, Klößchen aus Bratwurstmasse, Würstchen oder gebratene Wurstwürfel aufwerten.

Und das sind zwei der vielen international berühmten Eintöpfe:

Irish Stew aus Irland

500 g Hammelfleisch, 500 g Kartoffeln, 1 kg Weißkraut oder Wirsingkohl, 3 Zwiebeln, Salz, Pfeffer, Kümmel.

Das Fleisch in Würfel, die geschälten Kartoffeln in Scheiben, das geputzte Kraut in Streifen und die Zwiebeln in Ringe schneiden. Alles lagenweise — zuunterst das Fleisch — in den Topf geben. Jede Schicht würzen, 1/2 l heißes Wasser darüber gießen und das Gericht in fest verschlossenem Topf auf kleiner Flamme ungefähr eine Stunde dünsten. Ihr könnt das Fleisch, wenn es mager ist, auch mit Speckwürfeln anbraten.

Gjuvetsch vom Balkan

500 g Schweinefleisch (Schnitzel oder Kamm) oder Hammelfleisch, 750 g Tomaten, 1 kleine Aubergine oder 250 g Kürbis (können auch wegbleiben), 3 große Zwiebeln in Scheiben, 3 Paprikaschoten, 1—2 Sträußchen Petersilie, 1 Handvoll Sellerieblätter, beides grob gehackt, 1/2 Tasse Öl, Salz, Pfeffer, 2—3 EL Reis.

Stellt euch drei Schüsseln auf den Tisch. In die erste kommt das in etwa 1 1/2 cm große Würfel geschnittene Fleisch, in die zweite die in Scheiben geschnittenen Tomaten (nach Belieben gehäutet), in die dritte Petersilie, Selleriegrün und das übrige grobgewürfelte Gemüse. Alles kräftig mit Salz und Pfeffer bestreuen, mit Öl begießen (bei den Tomaten jede Schicht würzen) und zugedeckt kurz durchziehen lassen. In eine größere Kasserolle die Hälfte der Tomatenscheiben legen, darauf die Hälfte vom anderen Gemüse. Dann folgen Fleisch, der Gemüserest, der gewaschene Reis und obenauf die übrigen Tomaten. 1 Glas Wasser (bei überreifen Tomaten etwas weniger) zugießen. Die Kasserolle zugedeckt in die Röhre schieben und das Gemüse knapp 2 Stunden bei erst mittlerer, dann schwacher Hitze dünsten. Ab und zu nachschauen, ob genügend Flüssigkeit vorhanden ist. Eventuell noch ein paar Tomatenscheiben auflegen. Aller Saft muß eingezogen und der Reis gar sein. Den Gjuvetsch heiß im Topf auftragen, mit Petersilie bestreuen und mit Weißbrot reichen.

Mit gemischtem Hackfleisch oder auch Schabefleisch allein verkürzt sich die Garzeit um eine halbe bis dreiviertel Stunde.

Gjuvetsch ist ein ausgezeichnetes Gästeessen. Ihr könnt es 2 Stunden vorher in die Röhre stellen, und es ist fertig, wenn der Besuch kommt.

Kulinarisches Abendprogramm

Mit einem vollen Bauch sollte man nicht schlafen gehen. Mindestens zwei bis drei Stunden vorher ist der richtige Zeitpunkt für das Abendessen. Auch für das, was auf den Tisch kommt, gibt es ein paar Regeln, die zu beachten sind, wenn man es gut mit sich meint.

Erstens: Das ideale Abendbrot darf nur ein Viertel der Nahrungsenergiemenge für den Tag ausmachen. Zweitens: Es sollte leicht und bekömmlich sein.

Wer tagsüber geschlemmt hat, mag sich mit mageren Häppchen begnügen, und wer nur von Brötchen, Kuchen und Bockwurst existiert hat, sollte abends dafür sorgen, daß der Körper einen Ausgleich erhält.

Und noch etwas: Stellt man Brot, Butter und Wurst auf den Tisch, geht das schnell. Aber auf die Dauer ist das nicht zu empfehlen. Nicht für die Gesundheit und nicht für die Haushaltskasse. Wer viel Geld in das Essen steckt, lebt noch lange nicht gesund. Eine klug zusammengestellte Kost, die alle lebensnotwendigen Stoffe enthält, ist keineswegs teuer. Ab und zu eine warme Abendmahlzeit sorgt für Abwechslung und schont häufig sogar den Geldbeutel. Erhöhter Zeitaufwand ist kein Gegenargument. Die „schnelle“ Küche kennt viele Gerichte. Auch mit ein wenig Übung und Überlegung geht manches rascher von der Hand oder läßt sich an Tagen vorbereiten, an denen man mehr Zeit hat.

Quark macht stark

Daß Quark gesund ist, hat sich längst herumgesprochen, doch die rechte Liebe, die ihm aufgrund all seiner Qualitäten gebührt, hat er noch nicht gefunden, besser, noch nicht überall.

Quark enthält sehr viel Eiweiß (Magerquark hat 20 Prozent, Sahnequark nur 12 Prozent), die Joulewerte sind gering (100 g Magerquark haben 380 kJ = 90 kcal), er besitzt reichlich Mineralstoffe, besonders Kalzium und Phosphor, sowie wichtige Vitamine und, nicht zu unterschätzen, einen Leberschutzstoff.

Quark besitzt wenig Eigengeschmack. Das hat auch sein Gutes, denn man kann ihn durch die verschiedensten Zutaten verändern. Dem einen schmeckt er süß, dem anderen herzhaft, man ißt ihn zu Brot, Kartoffeln, macht daraus süße oder salzige Aufläufe, pikante Vorspeisen, delikate Nachtische. Bei diesen vielen Möglichkeiten sollte doch für jeden von euch etwas dabeisein, das den Gaumen reizt.

Wichtig ist, daß ihr den Quark mit Milch verdünnt und recht locker und kremig schlagt. Nachstehend einige herzhafte Varianten für 250 g Quark, mit Milch angerührt und mit Salz gewürzt.

✧ 1 EL feingeschnittener Schnittlauch oder Zwiebellauch oder andere Kräuter wie Dill, Melisse, Löwenzahnblättchen, Petersilie, Kerbel, Fenchelblättchen, Bohnenkraut, Gartenkresse ✧ 1 Stück in feine Ringe geschnittene dünne Porreestange ✧ 1/2 TL Curry, eventuell mit einer in Scheiben geschnittenen Banane ✧ 1 TL gehackter Kümmel, 1 kleine Zwiebel, 1 EL Petersilie oder 1 Messerspitze Curry ✧ 1 kleine Menge Meerrettich, je nach Schärfe ✧ 1 feingewiegte Knoblauchzehe, 1 kleingehackte Zwiebel, Curry ✧ 1 TL Öl oder 1 EL Sahne ✧ 1 Eigelb ✧ Tomatenmark, geraspelte Gewürzgurke ✧ Tomaten oder/und Paprikawürfel ✧ Pritamin, Kräuterquarkgewürz ✧ 1 weißer geriebener Rettich, Salz, 1/2 TL Kümmel ✧ 2 gewürfelte Tomaten ohne Kerne, Salz, Pfeffer, 1 kleine geriebene Zwiebel ✧ 1/2 Flasche Joghurt, 2 mit Schale geraspelte große Äpfel, 1 TL Curry.

Nun etwas für die Süßschnäbel unter euch:

Quark mit Früchten oder Konfitüre

Quark mit Milch recht locker schlagen, mit Zucker oder Honig süßen, mit Früchten der Jahreszeit entsprechend garnieren oder diese unterheben. Man kann ihn auch mit Konfitüre mischen und mit Zitronensaft abschmecken.

Quarksahne

250 g Quark mit einer nach Vorschrift zubereiteten Vanillesoße (etwas weniger Milch nehmen) mischen, mit Zitronensaft würzen, recht schaumig rühren und noch ein steifgeschlagenes Eiweiß unterziehen.

Nach Belieben mit frischen oder gedünsteten Früchten garnieren und mit gerösteten Haferflocken bestreuen. Auch das in kalter Milch angerührte Sofix-Soßenpulver gibt dem Quark eine lockere Konsistenz.

Quarkkäulchen, süß oder salzig

500 g Kartoffeln, 250 g Quark, 80 g Mehl, 1—2 Eier, 1 Prise Salz, Bratfett, 3 gestrichene EL Zimtzucker.

Die Kartoffeln entweder am Tag vorher kochen und kalt reiben oder frisch gekochte Kartoffeln heiß durch ein Sieb treiben. Die abgekühlten Kartoffeln, den durchgedrückten Quark, Mehl, Eier, Salz zu einem Teig verarbeiten, flache Käulchen formen und in heißem Fett auf beiden Seiten goldbraun braten. Mit Zimtzucker bestreuen. Dazu Apfelmus oder anderes Kompott.

Die Quarkkäulchen können auch zu Gemüse gereicht werden. Dann etwas mehr Salz und ein wenig Paprika zugeben.

Quarkauflauf mit Äpfeln

500 g Äpfel, Zitronensaft, etwa 150 g Zucker, 3 Eier, 750 g Quark, 4 EL Grieß, 2 TL Backpulver, Salz, Zimt, geriebene Semmel, Butter.

Die geschälten Äpfel in Scheiben schneiden und mit Zitronensaft und einem Drittel des Zuckers mischen. Den übrigen Zucker, Eigelb, Quark, Grieß und Backpulver gut verrühren, die Apfelscheiben zugeben und den mit wenig Salz und Zimt gewürzten Eischnee unterheben. Die Masse in eine gefettete Auflaufform füllen, mit geriebener Semmel bestreuen, mit Butter betupfen und bei Mittelhitze goldbraun backen.

Quark aus eigener Produktion

Ihr könnt ihn leicht selbst herstellen. An einem warmen, aber nicht zu warmen Ort laßt ihr Milch sauer werden. Wenn sie so dick ist, daß sich klares Molkewasser absetzt, wird sie durch ein mit einem sauberen Tuch ausgelegtes Sieb gegossen. Nach einigen Stunden ist die Flüssigkeit abgelaufen. Selbstgemachter Quark schmeckt ausgezeichnet. 1 l Milch ergibt etwa 100 g. Die Molke enthält wertvolle Mineralstoffe. Manche trinken sie gut gekühlt mit etwas Saft. Sie läßt sich aber auch für Suppen und Soßen verwenden.

Ihr seid gewiß überrascht, den beliebten

Pfefferkäse

unter den Quarkspeisen zu finden. Er gehört dazu. Ihr könnt ihn auch ebenso schmackhaft, aber weit billiger selbst zubereiten. Die Zutaten sind:

250 g Magerquark, 125 g Butter, 1—2 Prisen Knoblauchsalz, 1/2 TL Pfeffer, 1 Messerspitze Glutal.

Der Quark muß vor allem sehr trocken sein. Legt ihn in einem sauberen Tuch in ein Sieb und beschwert ihn. So tropft die letzte Flüssigkeit heraus. Nun rührt ihr zuerst die Butter geschmeidig und mischt dann den Quark und die Gewürze darunter. Ihr könnt auch kleine Käse formen und diese in grob gemahlenem Pfeffer wälzen.

Nach demselben Rezept lassen sich Kräuterkäse, Paprikakäse usw. herstellen. 1—2 Tage müssen sie durchziehen.

So ein Käse!

ist eine Redensart, die — eigentlich völlig unbegreiflich — eines unserer gesündesten Naturprodukte abwertet. Tatsache ist, daß Käse gern gegessen wird. Ja, der Verbrauch steigt sogar von Jahr zu Jahr. Er schmeckt gut, die fettesten Sorten werden am liebsten gekauft. Leider, denn die Joulezahl, die wir uns damit einverleiben, kann beträchtlich sein. Die Auswahl an Käsesorten ist groß. Wir unterscheiden Doppelrahmkäse mit 60 Prozent und Rahmkäse mit 50 Prozent Fettgehalt, dann Vollfettkäse mit 45 Prozent, wozu man die meisten Schnittkäsesorten zählt, weiter Fettkäse mit 40, Halbfettkäse mit 10 und

Magerkäse mit weniger als 10 Prozent. Hinter der Prozentzahl heißt es immer F. i. T., was „Fettgehalt in der Trockenmasse“ bedeutet. Da Käse aber einen unterschiedlich hohen Gehalt an Flüssigkeit besitzt, ist der Fettanteil in Wirklichkeit niedriger. 100 g Edamer mit 45 F. i. T. haben nicht 45 g, sondern nur 25 g Fett. So erklärt sich auch, daß ein 50prozentiger Camembert 1 400 kJ hat, ein 45prozentiger Schnittkäse, der mehr Trockenmasse enthält, dagegen 1 600 kJ.

Käse paßt zu fast allem. Er verträgt sich mit Fleisch und Wurst, mit Fisch und den meisten Gemüsearten. Sein feiner Geschmack harmoniert mit vielen Obstsorten, mit Nüssen und Mandeln. Was liegt näher, als ihn zum Bestandteil delikater Salate zu machen.

Bulgarischer Salat mit Schafskäse

4 Paprikaschoten (hübsch sehen verschiedene Farben

aus), 3—4 Tomaten, 1/2 Salatgurke, 1 große Zwiebel oder Zwiebellauch. Marinade: 2 EL Zitronensaft oder Weinessig, Salz, frisch gemahlener Pfeffer, 1/2 TL Thymian, 1 kleine feingeschnittene Knoblauchzehe, 3 EL Öl, 150 g Schafskäse (Salzlakenkäse).

Die geputzten Paprikaschoten in feine Streifen, die Tomaten, die geschälte Gurke und die Zwiebeln in Ringe schneiden. Die Marinade gut verrühren und unter das Gemüse heben. Den Salat kurz durchziehen lassen. Mit zerbröckeltem Käse bestreut auftragen.

Käse-Kraut-Salat

300 g Weißkohl, 1 kleine Zwiebel, 1 Paar Wiener Würstchen, 100 g Gouda. Marinade: 1/2 Tasse Würfelbrühe, 1—2 EL Essig, 2 EL Öl, Salz, Pfeffer, Senf, Kümmel.

Den feingeschnittenen Weißkohl mit kochendem Wasser überbrühen, 5 Minuten ziehen lassen, dann abgießen. Die feingehackte Zwiebel, die in Scheiben geschnittenen Würstchen, den gewürfelten Käse mit dem Kraut mischen. Die Marinade unter den Salat heben und diesen eine halbe Stunde kalt gestellt durchziehen lassen. Dazu Butterbrote.

Etwas ganz Feines ist

Pariser Käse-Dessert

125 g Emmentaler oder anderer Schnittkäse, 1 großer süßer Apfel, 50 g Mandeln, Saft von 1/2 Zitrone, 1 gehäufter EL Mayonnaise, 2 EL Joghurt.

Den Käse und den geschälten Apfel in dünne, etwa 2 cm lange Streifen schneiden. Mit den geschälten, gestiftelten und nach Belieben leicht angerösteten Mandeln, dem Zitronensaft und der Joghurtmayonnaise mischen. Dazu Toastbrot.

✦

Ein schneller, gehaltvoller Imbiß: eine Tasse heiße Fleischbrühe oder Tomatensuppe mit einem Stück Brot und Käse, einem Apfel oder einer Birne.

- ✧ Käse kühl lagern und vor dem Austrocknen schützen. Jedes Stück fest in Alufolie einschlagen. Schnittkäse (Edamer, Gouda, Tilsiter) hält sich so etwa 1 Woche.
- ✧ Weichkäse wie Camembert und Brie erst dann in den Kühlschrank ins Butter- oder Gemüsefach legen, wenn sie weich und dickflüssig sind. Dann in 2—3 Tagen verzehren.
- ✧ Am längsten halten sich Schmelz- und Hartkäse (Emmentaler).
- ✧ Alle Käsearten bis auf Frischkäse 1 Stunde vor dem Essen aus dem Kühlschrank nehmen. Brie und Camembert am besten mehrere Stunden zuvor. Sie sollen Zimmertemperatur haben.

Eierspeisen — das Rechte für heiße Tage

„Das weiß ein jeder, wer's auch sei, gesund und stärkend ist das Ei!" reimt Wilhelm Busch. Aber Eier sind nicht nur gesund — so sie in Maßen, nicht in Massen, verzehrt werden —, sondern geradezu unentbehrlich für die Küche, für die alltägliche wie für die feine.

Sie kommen nicht nur gekocht und gebraten auf den Tisch, viel häufiger begegnen wir ihnen versteckt in den Speisen. Sie binden und klären, dicken und lockern, lassen sich rühren und schlagen oder süß und sauer anrichten.

Auch in anderen Kapiteln dieses kleinen Buches zeigen sie sich in vielerlei Gestalt, so daß wir uns hier auf einige wenige Eierspeisen beschränken.

Rührei mit Geflügelleber

Gehackte Zwiebel in Fett andünsten, in Würfel oder Streifen geschnittene Geflügelleber zugeben, 2—3 Minuten unter Rühren braten. Die Eier mit 1 EL Milch oder Selterswasser pro Stück verquirlen, leicht salzen, über die Leber gießen. Feingehackte Kräuter darüber streuen und die Masse unter sanftem Rühren stocken lassen. Dazu Reis oder Brot.

Zwiebeleier (2 Personen)

4 Zwiebeln in Scheiben schneiden, 2 Scheiben Weißbrot würfeln. 2 EL Öl erhitzen, erst die Zwiebelringe, dann das Weißbrot darin rösten, mit Salz und Pfeffer abschmecken. Die leicht gesalzenen 3 Eier darüber schlagen und stocken lassen. Mit je 1 EL feingeschnittenem Schnittlauch und gehackter Petersilie bestreut, gleich in der Pfanne auf den Tisch stellen. Dazu Tomatensalat.

✦

Eierkuchen gehören zu den beliebtesten Schnellgerichten, sind doch die Zutaten selbst im kleinsten Haushalt vorrätig. Meist wird er frisch aus der Pfanne verspeist, mit Zucker und Zimt bestreut, mit Marmelade oder süßem Quark gefüllt.

Eierkuchenteig kann — abgesehen vom unterschiedlichen Verhältnis von Mehl, Eiern und Flüssigkeit — immer wieder anders schmecken, braucht nie langweilig zu werden. Wer großen Hunger hat, macht sich seine Eierkuchen ordentlich dick, wer sie delikater liebt, brät hauchdünne Gebilde. Für ganz Eilige gibt es auch backfertiges Eierkuchenmehl in der Tüte. Hat man etwas Zeit, empfiehlt es sich, den Teig eine halbe bis eine Stunde vor dem Backen ruhen zu lassen. Das Mehl quillt aus und bindet besser.

Wir geben euch drei Eierkuchenrezepte zum Aussuchen, jeweils für einen halben Liter Milch oder halb

Milch halb Wasser oder nur Wasser. Entweder 250 g Mehl, 3 Eier oder 200 g Mehl, 6 Eier oder 150 g Mehl, 1 Ei, 1/2 TL Backpulver.

Dazu gehört jeweils 1 Prise bis 1 Teelöffel Salz (je nach der Mehlmenge). Auf Zucker könnt ihr verzichten. Er schmeckt viel besser auf dem Eierkuchen. Als Mehl genügt das preiswerte Kuchenmehl, das nicht so stark ausgemahlen ist. Diese Zutaten verquirlt ihr kräftig zu einem glatten Teig ohne Mehlklümpchen. Nicht gleich die ganze Milch auf einmal zugießen! Wer die Eierkuchen recht locker liebt, hebt den steifen Eischnee zuletzt darunter.

Nun zum Backen: Pfanne leicht erwärmen, erst dann etwas Öl oder Margarine hineingeben. (Öl kann mit einem Pinsel auf dem Boden dünn verteilt werden.) Das Fett muß heiß sein, bevor ihr den Teig mit einer kleinen Kelle oder aus einer Milchkanne in die Pfanne gießt. Sieht der Eierkuchen unten goldgelb aus, wird er mit einem breiten Messer oder einer Palette gewendet. Wenn ihr wollt, könnt ihr etwas Bratfett für die zweite Seite in die Pfanne geben — aber es geht auch ohne.

Beim ersten Eierkuchen zeigt sich, ob der Teig noch etwas Mehl oder Flüssigkeit braucht. Wollt ihr eine größere Anzahl backen, dann nehmt am besten mehrere Pfannen und stapelt die Eierkuchen in der warmen Röhre. Anschließend füllt ihr sie, rollt oder klappt sie zusammen oder legt sie aufeinander und schneidet sie wie eine Torte in Stücke.

Obsteierkuchen

Sobald der Eierkuchen breitgelaufen und ein klein wenig fest geworden ist, gewaschenes rohes Obst oder gedünstete, gut abgetropfte Kompottfrüchte darauf verteilen, vorsichtig anbacken lassen, wenden.

Die zweite Seite nur kurz backen.

Die Früchte werden je nach Art entsteint oder entkernt, große in Scheiben geschnitten.

Beerenobst streut man gewaschen und gut abgetropft auf den Eierkuchenteig.

Apfelküchlein

In den etwas dünner gehaltenen Eierkuchenteig die 1 cm dicken Apfelscheiben (ohne Kerngehäuse) eintauchen und sofort ins heiße Fett geben.

Speckeierkuchen

250 g Mehl, 1/2 l Milch, 4 Eier, 1 gestrichener TL Salz, 150 g durchwachsener Speck.

Dickflüssigen Teig bereiten. Jeweils 1 EL gewürfelten Speck auslassen, dann den Eierkuchenteig darüber gießen.

Eierkuchen, gefüllt

Auf die eine Hälfte der gebackenen Eierkuchen könnt ihr eine Gemüse-, Fleisch- oder Fischfülle legen (auch gemischt) und die andere Hälfte darüber klappen. Für diese Füllungen werden die gegarten Zutaten grob bis fein geschnitten, mit Béchamel- oder Bratensoße gebunden. Als Gemüse eignen sich vor allem Pilze (Champignons), Blumenkohlröschen, Spinat, grüne Erbsen, Schwarzwurzeln. Weitere Beigaben, die gleich in den Teig gerührt werden, sind: feingehackte Kräuter, geriebener Käse, roher gehackter Spinat oder fein geschnittener, kurz in Öl gedünsteter, mit Salz und Pfeffer gewürzter Kohl.

Eierkuchen, überbacken

Schichtet sie gerollt oder gestapelt mit einer Füllung in eine gefettete feuerfeste Form und begießt sie mit saurer Sahne oder einer Mischung aus 3/8 l Milch, 2 EL Stärkemehl, 1—2 Eiern und backt sie in der Röhre. — Bei süßer Fülle können der Eiermilch etwas Vanillinzukker, bei herzhafter geriebener Käse, Paprikapulver und frische gehackte Kräuter zugefügt werden.

„Der Hering ist ein ausgezeichneter Fisch...

von dem man viel hermachen würde, wenn er teuer und selten wäre ...“, meint Alexander Dumas. Da hat er völlig recht. Aus Salzheringen zum Beispiel könnt ihr euch mit geringer Mühe sehr schmackhafte und appetitliche Bissen zu Brot und Kartoffeln zubereiten. Einige Vorarbeiten sind allerdings nötig.

✧ Salzheringe vor dem Verzehr 10—24 Stunden wässern, je nach Salzgehalt. Das Wasser möglichst zwei- bis dreimal erneuern.

- ✧ Danach den Hering mit einem spitzen, scharfen Messer an der Bauchseite aufschneiden, die Eingeweide und die schwarze Bauchhaut entfernen, Kopf, Flossen, Schwanz abschneiden.
- ✧ Den ausgenommenen Hering unter fließendem Wasser innen und außen gut abspülen. Zum Entgräten auf die offene Bauchseite legen und mit dem Handballen den Rücken flach drücken. Nun die Mittelgräte mit den kleinen Seitengräten behutsam herauslösen. Die beiden Hälften nennt man Filets. Will man den Filets die Haut abziehen, dann spült man sie vorher kalt ab, so geht es leichter.
- ✧ Der Geschmack der Heringe verfeinert sich, wenn sie noch 2—3 Stunden in Milch, Buttermilch oder Joghurt liegen.

Hering, mariniert

Für 4—6 gewässerte Salzheringe braucht man eine aufgekochte Marinade aus 1/8 l Essig, 1/4 l Wasser, 1 Lorbeerblatt, 1–2 in Scheiben geschnittenen Zwiebeln, 1 halbweich gekochten Möhre in Scheiben, 6—8 Pfefferkörnern. Sie wird nach dem Erkalten über die Heringe gegossen, die nach ca. 2 Tagen eßfertig sind.

Besonders delikat schmecken sie, wenn sie mit den marinierten Zwiebeln — gut abgetropft — in geschlagener saurer Sahne angerichtet werden. Man kann sie noch mit feingehacktem Dill oder Petersilie und gewürfelten Essiggürkchen mischen. Dazu Brot oder neue Kartoffeln und Frischkost oder Salat.

Glasermeister-Hering

4–6 Salzheringe, 1 TL Senfkörner, 10 Pfefferkörner, 2 Lorbeerblätter, 2 EL gewürfelter Meerrettich, 2 Zwiebeln und 1 Möhre, beide in Scheiben geschnitten, 1 Bund

Dill — so vorhanden —, Marinade: je 1 reichliche Tasse Wasser und Weinessig, 1/2 Tasse Zucker.

Die gewässerten Heringe in 2 cm große Stücke schneiden und mit den übrigen Zutaten in ein Glas oder einen Steintopf schichten. Die Marinade aufkochen und abgekühlt darüber gießen.

Ein prächtiges schwedisches Rezept!

✧ Bei Fischgeruch Küchengeräte und Geschirr erst gründlich unter fließendem kalten Wasser abwaschen, bei Holzbrettern ins kalte Spülwasser etwas Essig geben. Alles heiß nachspülen.

✧ Hände mit Essig oder Zitrone einreiben, dann warm mit Seife waschen.

Apfel-Hering-Häckerle

2 gewässerte Salzheringe, 2 große geschälte Äpfel, 2 Zwiebeln, 1 EL Salatcreme, 1 EL Mayonnaise, einige Tropfen Zitronensaft.

Salzheringe, Äpfel, Zwiebeln sehr fein schneiden und mit den anderen Zutaten mischen.

Grüne Heringe, gebraten und sauer eingelegt

1 kg grüne Heringe, Salz, Mehl, Bratfett, 1/4 l Essig, 1/2 l Wasser, 1 Lorbeerblatt, 1 TL Salz, 1 Msp. Zucker, 1—2 Zwiebeln, 1 TL Pfefferkörner, 1 EL Senfkörner.

Die vorbereiteten Heringe (nach Belieben in Filets geteilt) innen und außen mit Salz einreiben, in Mehl wenden und in heißem Öl 8—10 Minuten braten. Essig mit Wasser, Lorbeerblatt, Salz und Zucker aufkochen und auskühlen lassen. Die gebratenen Heringe mit den rohen Zwiebelringen, den Senf- und den Pfefferkörnern in eine Schüssel schichten. Nach dem Abkühlen mit dem kalten Essigsud übergießen. 2—3 Tage durchziehen lassen. Sie halten sich im Kühlschrank bis zu einer Woche.

Dazu Bratkartoffeln, Pellkartoffeln oder Brot.

Praktisch ist es, einen Teil der Heringe frischgebraten mit Kartoffelbrei zu verspeisen und den Rest — sauer eingelegt — einige Tage später. Ihr könnt die Heringe vor dem Braten auch mit Senf bestreichen, in Semmelmehl wenden und mit Kartoffeln und Kräutermayonnaise anrichten.

Räucherfisch, warm

Geräucherten Fisch (Bückling, Makrele oder Portionsstücke) in eine Pfanne legen, den Boden knapp mit Milch oder Wasser bedecken, Deckel darauflegen und bei kleiner Flamme dünsten, bis die Flüssigkeit verdampft ist. Auch im Grill läßt sich Räucherfisch erwärmen. Ein wenig Pfeffer und ein paar Tropfen Zitronensaft erhöhen den Geschmack. Dazu Toastbrot.

Nichts für Suppenkasper!

Suppe ist nicht gleich Suppe. Ob heiß oder kalt, ob dick oder dünn — das hängt vom Zweck ab, für den wir sie uns wünschen. Einmal wollen wir sie als Hauptgericht, ein andermal als Ergänzung zum Mittag- oder Abendessen. Eine leichte Brühe mit einem leckeren, aber joulereichen Nachtisch oder belegten Broten kann ebenso eine runde Sache sein wie eine gehaltvolle Suppe mit einem leichten Salat. Eine Tasse Suppe oder Brühe ist auch als kleine Zwischenmahlzeit geeignet.

Blumenkohlsuppe

1 Kopf Blumenkohl, Salz, 40 g Margarine, 40 g Mehl, 1/4 l Milch, Muskat, Zitronensaft, 1 Eigelb.

Den geputzten, gewaschenen Blumenkohl in Röschen teilen, in 3/4 l kochendes Salzwasser geben und auf kleiner Flamme nicht zu weich garen. Mehlschwitze bereiten, mit Milch, dann mit Kochwasser auffüllen. Die Blumenkohlröschen einlegen, die Suppe würzen und legieren.

Pro Person rechnet man 1/2 l Suppe als Hauptgericht, 1/4 l als Vorsuppe.

Selleriesuppe (2 Personen)

1 kleine Sellerieknolle, 1/2 l Fleisch- oder Würfelbrühe, 20 g Fett, 20 g Mehl, Salz, Pfeffer, 1 Prise Zucker, 1—2 EL Sahne oder Kondensmilch, 1 TL Selleriegrün oder 1 EL Petersilie, feingehackt.

Die geschälte Sellerieknolle grob raspeln, in der Brühe gar dünsten. Die eine Hälfte Sellerieraspel durchs Sieb drücken oder elektrisch pürieren, die andere aufheben. Mehlschwitze bereiten, mit der Brühe samt dem passierten Sellerie auffüllen. 5 Minuten durchkochen, dann den restlichen Sellerie einlegen und nochmals aufkochen. Mit Gewürzen und Sahne abschmecken. Selleriegrün oder Petersilie zugeben. Dazu Käsebrote: Weißbrot auf einer Seite toasten, die andere buttern und mit einer Scheibe Schnittkäse belegen. Dann überbacken, mit Paprika bestreuen und heiß zur Suppe reichen.

Tomatensuppe (2 Personen)

20 g Margarine, 2 EL Mehl, 1/2 l Tomatensaft, Selleriesalz, Paprika, 1 Prise Zucker, 1 EL feingeschnittener Speck, 1 kleine Zwiebel, 1—2 Spritzer Essig, 1 TL kleingehackte Kräuter (möglichst Basilikum).

Schwitze bereiten, mit Tomatensaft löschen, würzen, 5—8 Minuten schwach sieden lassen. Inzwischen den Speck auslassen, Zwiebelwürfel darin rösten und beim Anrichten über die Suppe geben. Mit Kräutern bestreuen. Anstelle von Tomatensaft könnt ihr auch 3 EL

Tomatenmark in die Schwitze geben und mit Würfelbrühe auffüllen.

Die Suppe wird durch Einlagen von gekochtem Reis oder Teigwaren (Reste) sättigender.

✧ Um 1 l Suppe zu binden, werden 30 g Öl oder 40 g Margarine oder 50 g Speck und 50 g Mehl benötigt.
Anstelle einer Mehlschwitze könnt ihr Stärkemehl kalt anrühren (1 El auf 1 l) und in die Suppe geben. Kurz aufkochen lassen! Am Schluß etwas Butter unterrühren.

Und jetzt machen wir euch mit einer köstlich schmeckenden und dabei ganz einfach herzustellenden Suppe aus der Balkanküche bekannt.

Zitronensuppe

1/2 Tasse Reis, 1 l beliebige Brühe (auch Würfelbrühe), 2 Eigelb, 1 Tasse Joghurt, Saft einer Zitrone, Salz, Petersilie, Dill oder andere Kräuter.

Den Reis mehrmals abspülen und in der Brühe gar kochen. Es kann auch ein Rest sein. Eigelb, Joghurt und Zitronensaft gut verquirlen, und die Mischung unter kräftigem Schlagen mit dem Schneebesen in die heiße, vom Feuer genommene Suppe einrühren. Mit feingehackten Kräutern bestreut zu Tisch geben.

Diese Suppe ist als Vorsuppe gedacht. Mit einer Nachspeise (Auflauf, Eierkuchen usw.) wird daraus eine vollständige Mahlzeit.

✧ Zitronen vor dem Auspressen auf dem Tisch mit der Hand unter Druck hin und her rollen. Dann platzen die Saftstränge, und sie geben mehr Saft ab.

Brotreste bleiben immer wieder einmal übrig und sind zu schade zum Wegwerfen. Wie wär's mit einer Brotsuppe? Auf spanisch geht's am schnellsten.

Brotsuppe, spanisch (1 Person)

Eine nicht zu große Scheibe dunkles Brot wird kräftig mit Knoblauch eingerieben, mit 1 TL Öl beträufelt und mit 1 Messerspitze grobem, frisch gemahlenem Pfeffer und 1 EL geriebenem Käse bestreut. Zum Schluß wird eine heiße kräftige Fleischbrühe daraufgegossen.

Pfeffersuppe, vogtländisch (2 Personen)

Dazu kocht ihr 100 g zerschnittenes Brot einige Minuten in 1/2 l Brühe, passiert sie und gebt 30 g ausgelassenen Speck sowie reichlich frisch gemahlenen Pfeffer hinein. Mit feingehacktem Schnittlauch oder Zwiebellauch anrichten.

An heißen Sommertagen hat jeder Appetit auf etwas Kaltes, Erfrischendes. Gut schmeckt die *bulgarische Gurkenkaltschale Tarator*, die bei den Partyrezepten steht. Falls ihr einen Mixer zur Hand habt, raten wir euch zu dem Schnellrezept der berühmten spanischen

Gazpacho

1 geputzte Paprikaschote, 1/2 geschälte Salatgurke, 4 gehäutete Tomaten zerteilen, mit 2 EL Öl mixen und mit Salz, Pfeffer, 1 Messerspitze Zucker abschmecken.

Ebensowenig Mühe bereiten

Obstkaltschalen

mit Erdbeeren oder Heidelbeeren oder mit anderen Früchten. Das gesäuberte, rasch gewaschene Obst wird in eine Schüssel gegeben, kleingeschnitten oder mit einer Gabel zerdrückt, je nach Sorte gezuckert und mit Milch

aufgefüllt. Ihr könnt Zwieback hineinbrocken oder ein Butterbrot dazu essen. Zu herberen Obstsorten wie schwarze Johannisbeeren schlagen wir euch Vanillesoße vor. Sofix-Vanillesoße braucht nur mit kalter Milch angerührt zu werden.

Salate grün und bunt

„Viele Köche verderben den Brei", sagt man. Nicht aber den Salat, so behaupteten die alten Griechen: Wenn er delikat werden soll, nehme man einen Philosophen, der das Salz streut, dazu einen Geizhals, der den Essig spendet, einen Verschwender, der das Öl dazutut, und einen Künstler, der das Ganze mit Meisterhand mischt.

So ein frisches, richtig behandeltes Salatblatt hat viel an Vitaminen und Mineralstoffen aufzuweisen, lauter gute Sachen, die uns munter machen, die Frühjahrsmüdigkeit vertreiben, nervenstärkend und beruhigend wirken und für ein gesundes Aussehen, also für die Schönheit sorgen. Zu den Blattsalaten zählen Kopfsalat, Endiviensalat, Schnittsalat, Rapünzchen, Chinakohl, Chicorée, Garten- und Brunnenkresse. Spinat und Wildkräuter sind ebenso zu verwenden.

Zuerst wird der Salat geputzt, das heißt, schlechte Blätter werden entfernt, etwaige Wurzeln abgeschnitten, dann wäscht man ihn am besten unter fließendem Wasser, sonst mehrmals in einer Schüssel. Chinakohl und Chicorée wäscht man im ganzen und schneidet sie von der Spitze aus in feine Scheiben oder Ringe. Die anderen Salate müssen vor dem Marinieren mundgerecht zerzupft oder geschnitten werden. Jetzt kommt etwas sehr Wichtiges:

✧ Ein Blattsalat soll vor dem Anrichten trocken sein, damit er die Marinade besser annimmt. Deshalb werden die Blätter in einem Sieb, einem Salatkorb oder einem Geschirrtuch trockengeschleudert.

Die Zubereitung ist bei allen Salaten gleich. Die Zutaten werden mit einer Marinade gemischt. Das Geheimnis eines guten Blattsalats ist außer der Frische der Zutaten die Salatsoße. Ihr könnt wählen zwischen einer

---

✧ Essig-Öl-Soße — der französischen Sauce Vinaigrette
✧ Soßen aus Milchprodukten (Sahne, Joghurt, Sauermilch, Quark)
✧ Mayonnaise oder joulereduzierten Salatsoßen.

Sie alle können miteinander vermischt werden.

Sauce Vinaigrette

Für 2 Köpfe Salat braucht ihr: 1 EL guten Essig, 1 Messerspitze Salz, 1 Prise Pfeffer und 3 EL Salatöl. Zuerst werden Essig, Salz und Pfeffer verrührt, weil sich das Salz in Öl nicht mehr auflöst. Dann gibt man das Öl dazu und rührt, bis die Marinade dickflüssig wird.

Diese Grundsoße läßt sich — ebenso wie die beiden anderen — ergänzen, und zwar durch 1 kleine feingeschnittene oder geriebene Zwiebel, 1/2 TL Senf, 1 Messerspitze Zucker, 1/2—1 ganzes kleingehacktes Ei, 1 Messerspitze Paprika, 1 feingeschnittene Knoblauchzehe und reichlich feingehackte Kräuter. Essig kann gegen Zitronensaft ausgetauscht werden.

Weitere Zusätze: feingehackte saure Gurken und Kapern, geriebener Meerrettich, Tomaten- oder Paprikamark oder Ketchup, flüssige Soßen und Streugewürze.

Es empfiehlt sich, Sauce Vinaigrette auf Vorrat zu halten (Essig : Öl = 1:3, Salz, Pfeffer) und sie dunkel aufzubewahren. Vor Gebrauch schütteln.

- ✧ Der beliebte „Hauch“ von Knoblauch wird bereits durch das Einreiben der Schüssel mit einer halben Zehe erreicht.
- ✧ Grüne Salate erst kurz vor dem Verzehr waschen und zubereiten, bei längerem Stehen werden die Blätter welk und unansehnlich.
- ✧ Kräuter zum Schluß zugeben.
- ✧ Kopfsalat, der nicht gleich verbraucht wird, mit dem angeschnittenen Strunk sofort ins Wasser stellen.

Hier einige Salatsoßen-Rezepte zum Aussuchen und Anregen für eigene Schöpfungen. Kräuter sind nicht überall angegeben.

Saure-Sahne-Soße

1/4 l saure Sahne (oder 1/8 l saure Sahne, 1/8 l Joghurt), 1 EL Zitronensaft oder Essig, Salz, Pfeffer, Senf, 1 Prise Zucker, Dill oder 2 EL dicke saure Sahne, Salz, Pfeffer, Paprika, rohes oder gehacktes Ei, Ketchup, Schnittlauch, Zutaten verrühren.

✧ Salatsoßen können gut 1/2 Stunde vor Gebrauch zugedeckt durchziehen.

Joghurtsoße

1 Flasche Joghurt, 3 EL saure Sahne, 1 Prise Zucker, Zutaten mischen.

✦

Specksoße

Marinade aus 1 EL Essig, Pfeffer, Salz rühren, Salat unterheben. 2 EL feingeschnittene Speckwürfel auslassen, über den Salat schütten und schnell vermischen. Sofort warm auftragen.

Und nun ein schnelles Rezept für

Mayonnaise

1 Eigelb, 1 TL Zucker, 1 EL Essig oder Zitronensaft, 1 EL scharfer Senf, 1 Messerspitze Salz gut vermischen, 1/8 l Öl löffelweise darunterrühren, bis die Mayonnaise steif ist. Das Öl muß jedesmal eingezogen sein, bevor ihr den nächsten Löffel voll zugebt.

Italienische Soße

3 EL Mayonnaise mit 1/2 TL geriebener Zwiebel, 1 TL Ketchup und 1 EL Milch verrühren.

✦

Anstelle von Mayonnaise (3 389 kJ) empfehlen wir euch die vier tischfertigen joulereduzierten Remouladen, die ihr ebenfalls wie die anderen Salatsoßen mischen und

verändern könnt. Sie werden in 125-g-Bechern und 200-g-Gläsern angeboten.
Salat-Creme (1 508 kJ) eignet sich besonders für Rohkostsalate,
Salat-Sauce (1 470 kJ) für Salate mit Tomaten und Eiern sowie für Kartoffel- oder Mischsalate (Andalusische Soße: zusätzlich 1/3 Tasse eingelegte gewürfelte Paprikaschoten, 2 TL Tomatenmark),
Sauce Tatar (1 327 kJ) für Fleisch, Fisch, Gemüse, Salat,
Meerrettich-Sauce (1 482 kJ) zu gebratenem oder gekochtem Fisch, zu Braten, Wurst, Fleischsalat usw.

✦

Der erste zarte *Spinat* gibt einen ausgezeichneten Salat.

500 g Spinat putzen, waschen, trocknen, etwas zerschneiden und mit Sauce Vinaigrette, 1 Prise Zucker und feingehackten Zwiebelwürfeln mischen. In diesen Salat passen auch Frühlingskräuter, Radieschenscheiben oder kleingezupfte Kopfsalatblätter.

Rapünzchensalat

wie Spinat anmachen.

✧ Man rechnet 100—150 g Salatbeilage pro Person.

Chinakohlsalat

Die zarten Blätter in feine Streifen schneiden. Salatsoße (je nach Größe des Kopfes verändern): 3 EL Salat-Creme oder Salat-Sauce, 2 EL Kaffeesahne, 1 Apfel und 1 Gewürzgurke, beides gewürfelt, Salz, 1 Prise Paprika. Dazu hartgekochte, in Scheiben oder Achtel geschnittene Eier, Wurst- oder Käsewürfel, wie es euch am besten schmeckt. Ihr könnt den Salat auch mit einer Sauce Vinaigrette und feingehackten Kräutern oder wie Chicoréesalat mit Apfelsinen anmachen.

Wildkräutersalat

250 g zarte kleine Löwenzahnblättchen, etwas junger Sauerampfer und kleine Brennesselblätter in Streifen schneiden. Salatsoße: Zitronensaft, 1 Prise Zucker, Salz, 1 EL Öl, 2—3 EL saure Sahne oder Joghurt. Wildkräuter können auch Gartensalaten beigemischt und mit Specksoße übergossen werden.

Gurkensalat

1—2 Salatgurken (geschält oder ungeschält) in kleine Scheiben hobeln oder grob raspeln.
Salatsoße I: 2—3 EL saure Sahne, Salz, Pfeffer.
Salatsoße II: 1 Tasse passierter Quark, 1 rohes Eigelb, Salz, Pfeffer, 2 EL Öl, etwas Fruchtsaft.

Zu Gurkensalat passen Radieschen, gedünstete grüne Bohnen, Tomaten und Blattsalate. Er verlangt reichlich Kräuter, vor allem Dill, aber auch Petersilie, Boretsch, Kresse, Kerbel usw. Langes Stehen und Abgießen des Wassers macht ihn schwer verdaulich.

✧ Gurken- und Tomatensalat nach dem Anrichten sofort auftragen.

✧ Gemüse oder Obst, das mit der Schale verzehrt wird, gründlich waschen. Grüne Gurken heiß abbürsten, um eventuell anhaftende Spritzmittel zu entfernen.

Tomatensalat I

500 g Tomaten, 1 TL feingehackte Zwiebel, eventuell 1 Knoblauchzehe, Salatsoße: Essig oder Zitronensaft, Salz, Pfeffer, 1/2 TL Zucker, Öl, feingehackte Kräuter, besonders geeignet ist Basilikum; auch Dill und Bohnenkraut geben eine interessante Würze.

Tomatensalat II

500 g Tomaten, Salatsoße: 1 EL Mayonnaise, 3—4 EL Magermilchjoghurt, 2 EL geriebener Meerrettich, 3—4 EL feingehackte Kräuter, gemischt oder einzeln, 1 TL Zucker, Salz. Tomaten in Viertel oder Achtel schneiden. Aus den übrigen Zutaten eine dickliche Soße bereiten und über die Tomaten geben.

Zu Tomaten passen unter anderem grüne Gurken, Zwiebeln, Paprikaschoten, gegarter Blumenkohl, gekochte Eier, Kopfsalat.

✦

Wenn die Sommergemüse aufhören, kann man immer noch schmackhafte Salate aus Weißkraut, Rotkraut, Schwarzwurzeln, Möhren, Sauerkraut usw. machen. Die Wurzelgemüse werden geraspelt, die Kohlarten fein geschnitten. Gerade im Winter ist rohes Gemüse als Vitaminspender wichtig; es müssen nicht immer große Portionen sein. Frisches Grün im Winter bringt die

Gartenkresse

Sie keimt bereits nach 3 bis 4 Tagen und kann nach weiteren 6—8 Tagen mit der Schere „geerntet" werden. Sie ist so anspruchslos, daß sie sogar auf feuchter Watte oder Zellstoff gedeiht. Die Samen werden dicht ausgesät und müssen gut feucht gehalten werden. Gartenkresse ist reich an Vitamin C und eine wertvolle Zugabe zu Suppen, Soßen, Salaten, zu Eier- und Fischspeisen und als Belag aufs Butterbrot.

✧ Nicht jeden Tag den gleichen Salat, das gleiche Gemüse oder Obst als Frischkost essen. Gaumen und Organismus sind dankbar für Abwechslung.

Wie verschieden allein schon die Soßen für einen Salat sein können, zeigen wir euch beim

Weißkohlsalat

Kohl fein schneiden und entweder mit den Gewürzen tüchtig stampfen oder mit kochendem Salzwasser überbrühen, 5 Minuten ziehen lassen, dann abgießen. Weißkohl läßt sich unter anderem mit Sauce Vinaigrette, mit Speck- oder italienischer Soße anrichten. Eine weitere interessante Mischung besteht aus 2 TL Zitronensaft, 1 TL Kondensmilch, 1/3 TL Honig, 2 EL Salatöl, Schnittlauch, Petersilie, 1 TL geriebene Zwiebel.

Rotkohlsalat

1 kleinen Rotkohlkopf wie Weißkohl vorbereiten und mit Sauce Vinaigrette und einer kleinen feingeschnittenen Zwiebel anrichten. Ihr könnt auch 1—2 Äpfel hineinraspeln. Ein wenig geriebener Meerrettich gibt einen kräftigen Geschmack.

✧ Rohkostsalate sind joulearm, wenn sie nicht mit einer zu fetthaltigen Marinade angemacht werden.

Da Sauerkraut eine so gesunde, billige und schmackhafte Sache ist, bringen wir gleich 3 Varianten zum Aussuchen oder Abwechseln für einen

Sauerkrautsalat

Jeweils 500 g Sauerkraut von guter Qualität, etwas zerschnitten, mit

3 EL Öl oder saurer Sahne, 1 feingehackten Zwiebel, 1 Messerspitze Zucker, wenig Salz und Pfeffer oder

1—2 EL Öl, 1 feingeschnittenen Zwiebel, 1/2 TL Kümmel, wenig Salz, 1 Messerspitze Zucker (Kümmel mit Zwiebel gemischt, springt beim Wiegen nicht weg!) oder mit

4 Äpfeln mit Schale, 2 Möhren, beides geraspelt, 3 EL

Öl, wenig Zitronensaft oder Essig, Salz und 1 Messerspitze Zucker
vermengen.

Wenn ihr zum Salat mal keine Zeit habt: Eine kleine Portion gutes Sauerkraut schmeckt auch ohne alle Zutaten.

Zwiebelsalat mit Lauch

Geschälte Zwiebeln und Zwiebellauch in feine Ringe schneiden, Sauce Vinaigrette oder saure Sahne zugeben, mit Pfeffer und Salz abschmecken.

✦

Außer den grünen, den einfachen und gemischten Gemüsesalaten gibt es auch sogenannte „Bunte Salate", die noch zusätzlich Fleisch, Fisch, Eier, Käse, Obst, Kartoffeln, Reis, Teigwaren usw. enthalten. Sie eignen sich übrigens bestens zur Resteverwertung. Ihr könnt auch einen Feinkostsalat kaufen und ihn mit Gemüsezutaten „verlängern".

Ungarischer Salat

300 g feingeschnittener Weißkohl, 1 Tasse Apfelwürfel, je 1/2 Tasse Gewürzgurken- und Paprikawürfel, 3 Tomaten und 1 in feine Ringe geschnittene Zwiebel, 200 g Knoblauchwurst, gewürfelt, 2 EL Kräuter. Marinade: 1 Flasche Joghurt, 1 EL Öl, 1 EL Meerrettich, 1 EL Senf, Essig, Salz, Zucker nach Geschmack. Den Kohl wie bei den Kohlsalaten behandeln. Die Salatzutaten (ohne die Tomaten) mit der Soße mischen, abschmecken, 1/2 Stunde durchziehen lassen und dann die in Achtel geschnittenen Tomaten und die Kräuter unterheben.

✦

An warmen Tagen ersetzen Gemüsesalate mit Toast oder Butterbrot ein Mittag- oder Abendessen, so dieser mexikanische

Salad con Carne — Salat mit Fleisch (2—3 Personen)
1 kleine Zwiebel, 2 EL Öl, 250 g Schabefleisch, 1/2—1 EL Bratensoßengewürz und einige Spritzer Peppersauce, 1/2 EL Stärkemehl, 1 kleiner Kopf Salat, 1 Paprikaschote, 1 kleine Zwiebel, 2 Tomaten, 1/2 Tasse geriebener Käse.

Die feingehackte Zwiebel in Öl goldgelb rösten, Schabefleisch braten, bis es grau aussieht, würzen, 1/2 Tasse Wasser zugießen und das Fleisch unter häufigem Rühren 5 Minuten dünsten. 1/2 EL Stärkemehl mit 1 EL kaltem Wasser verquirlen, unter das Fleisch rühren, aufkochen lassen. Den geputzten, gewaschenen Salat in mundgerechte Stücke zupfen, die vom Samenstand befreite Paprikaschote und die Zwiebel in feine Ringe, die Tomate in Achtel schneiden. Das Gemüse mit dem Käse bestreuen und das warme Fleisch darauf anrichten.

✦

Auf die gleiche Art könnt ihr weitere Salate zubereiten. Dekorativ wirkt es, wenn ihr auf jeden Teller zuerst ein leicht mariniertes Salatblatt legt. Darauf schichtet ihr gedünstetes, zerteiltes Gemüse wie Sellerie, rote Bete, Blumenkohl, Kartoffeln, grüne Bohnen und/oder ein bis drei Sorten frisches Gemüse wie Tomaten, Paprikaschoten, Gurken, Kraut, Rettich oder Zwiebel. Alles soll mundgerecht oder je nach Art gewürfelt, in Scheiben oder Ringe geschnitten oder grob geraspelt sein. Auf diese Zutaten wird Sauce Vinaigrette oder eine leichte Joghurt-Mayonnaise gegeben. Ganz obenauf — als Krönung sozusagen — in Scheiben geschnittenes hartgekochtes Ei, Wurst- oder Käsewürfel, geräucherter oder gebratener Fisch, gebratene Speckscheiben oder feingeschnittenes Fleisch.

Die Aufzählung mag die Vorstellung erwecken, als handle es sich um ein üppiges Mahl. So ist es nicht gemeint, die Beispiele sollen nur als Anregung dienen. —

Es gibt wohl kaum ein Nahrungsmittel, das nicht für einen Salat taugt. Wir haben uns auf wenige Rezepte beschränkt, denn bei der Zusammenstellung müßt ihr ohnehin davon ausgehen, was frisch und augenblicklich auf dem Markt ist und worauf ihr Appetit verspürt.

Nur Mut zu eigenen Kreationen, eine gutgewürzte Salatsoße verbindet fast alle Zutaten zu voller Harmonie. Und einen so kritischen „Mitesser“ wie es Gottfried Keller war, werdet ihr wohl kaum haben. Er behauptete nämlich von sich, am Salat zu erkennen, ob die Gastgeberin „genäschig oder nüchtern, weichlich oder spröde, hitzig oder kalt, verschwenderisch oder geizig“ sei.

Freunde zu Gast

Junge Menschen finden oft einen Anlaß, sich gegenseitig zu besuchen. Da möchte man nicht nur Musik hören, miteinander tanzen und plaudern, sondern auch essen, und zwar etwas Besonderes. Wenn man rechtzeitig Bescheid weiß, kann man sich auf die Gäste einstellen und irgend etwas vorbereiten, was allen Spaß macht oder gar eine Überraschung bedeutet. Das muß nicht ein Menü sein, im Gegenteil. Manchmal genügt schon ein Topf mit selbstgemachtem Griebenschmalz, ein andermal ... Seht euch die Rezepte an. Da werdet ihr sicherlich manche Anregung finden.

✦

Für einen großen Personenkreis macht es eine Menge Arbeit, mehrere Speisen oder pikante Häppchen aufzutischen. Deshalb sollte die Bewirtung um so einfacher sein, je mehr Leute zusammenkommen. Unsere Vorschläge für

Als erstes drei schmackhafte Eintöpfe:

Kesselgulasch

400 g Zwiebeln, 150 g Schmalz, 40 g Edelsüßpaprika, 1 200 g Schmorfleisch vom Rind, Salz, 1/2 TL gehackter Kümmel, 1 EL Majoran, 3 Knoblauchzehen (können auch wegbleiben), 1 500 g kleingewürfelte Kartoffeln, 5 Paprikaschoten, 5 Tomaten. Anstelle von Paprikaschoten und Tomaten könnt ihr auch 250 g Letscho oder 80 g Tomatenmark oder -ketchup nehmen.

Die kleingehackten Zwiebeln in Schmalz glasig dünsten. Topf vom Feuer nehmen, Edelsüßpaprika (Menge steht auf der Tüte!) einstreuen, mit den Zwiebeln verrühren. Das in nicht zu kleine Würfel geschnittene Fleisch sowie die übrigen Gewürze und die zerdrückten Knoblauchzehen zugeben, kräftig salzen. Wenig heißes Wasser zugießen, und das Fleisch auf schwacher Flamme schmoren lassen. Nach dem Verdampfen erneut mit heißem Wasser auffüllen. Kurz bevor das Fleisch gar ist, die kleingewürfelten Kartoffeln, die in Ringe oder Stücke geschnittenen Paprikaschoten zugeben und so viel heißes Wasser zugießen, daß der Kesselgulasch suppig wird. 10 Minuten später die zerschnittenen, nach Belieben gehäuteten Tomaten einlegen und alles gar kochen. Zum Schluß abschmecken und eventuell nachwürzen.

Seid ihr eine recht hungrige Schar, so eßt dazu noch eine Schüssel Spirelli oder teilt ein Weißbrot auf.

Ein Spezialrezept Geraer Köche, das im Palast der Republik probiert werden konnte, ist der

Linseneintopf mit Thüringer Rotwurst

900 g Linsen, 150 g Sellerie, 200 g Möhren, 1 250 g

Kartoffeln, 3 l Brühe, 200 g Zwiebeln, 200 g fetter geräucherter Speck, Salz, Pfeffer, Zucker, Essig, 1 000 g Thüringer Rotwurst.

Die verlesenen und gewaschenen Linsen mit dem Einweichwasser und dem in kleine Würfel geschnittenen Gemüse ansetzen und kochen lassen. Den halbgaren Linsen die gewürfelten Kartoffeln zugeben, mit Brühe auffüllen und sämig kochen. Kleingeschnittene Zwiebeln in Speckwürfeln dünsten und untermischen. Mit den genannten Gewürzen pikant abschmecken. Beim Anrichten die Thüringer Rotwurstwürfel untermengen.

Ein preiswertes, schmackhaftes Gericht.

Oder wie wär's mit einem

Erbseneintopf, bunt

350 g Speck, 6 Zwiebeln, 1 kg Schweinekamm, 10 große Kartoffeln, 1 Sellerieknolle, 2 Packungen gemischtes Tiefkühlgemüse, 1 1/2 l Würfelbrühe, 1 Glas grüne Erbsen, Salz, Pfeffer, Suppenwürze, 30 g Margarine, 3 Brötchen oder 4 Scheiben Brot, Petersilie.

Den Speck würfeln, glasig braten, die kleingeschnittenen Zwiebeln beifügen und dünsten, bis sie goldgelb sind. Aus dem Fleisch die Knochen lösen (später für ein anderes Gericht verwenden), in nicht zu kleine Würfel schneiden und zu den Zwiebeln geben. Anbraten, 1—2 Tassen heißes Wasser zugießen und das Fleisch zugedeckt fast gar schmoren. Inzwischen die Kartoffeln in größere, den Sellerie in kleinere Würfel schneiden und mit dem Tiefkühlgemüse zum Fleisch geben. Heiße Würfelbrühe zugießen. Deckel darauflegen und alles gar kochen. Zum Schluß die Erbsen hineinschütten. Das Essen mit Salz, Pfeffer und bei Bedarf noch mit Suppenwürze abschmecken, kurz aufkochen und durchziehen lassen. Inzwischen die Brotwürfel in Fett rösten. Die Suppe mit gehackter Petersilie bestreuen, die Brotwürfel extra reichen. Anstelle von Tiefkühlgemüse könnt ihr auch 5—6 Päckchen Suppengrün kaufen, putzen, kleinschneiden und mit den Kartoffeln zum Fleisch geben.

Zu den Eintöpfen paßt noch ein süßer Nachtisch.

Sauerkirschkaltschale mit Vanillesoße

1 kg Sauerkirschen, 1 l Wasser, 1 Stange Zimt, 50 g Sago, 100—150 g Zucker, 2 Vanille-Soßenpulver, 1 l Milch, Zucker.

Sauerkirschen entsteinen, mit Wasser und Zimt aufkochen, Sago einstreuen und 15 Minuten auf schwacher Flamme quellen lassen. Zimtstange herausnehmen, Sauerkirschen nach dem Abkühlen zuckern und etwa 3 Stunden in den Kühlschrank stellen. Vanillesoße laut Anweisung kochen und dazu reichen.

Apfelkompott mit Vanillesoße

1—1 1/2 kg Äpfel (kann Fallobst sein), 1 Stange Zimt, Zucker, 2 Vanille-Soßenpulver, 1 l Milch, Zucker.

Äpfel waschen, schälen, in Stücke schneiden. Dabei das Kerngehäuse entfernen. Mit wenig Wasser ansetzen. 1 Stange Zimt und je nach Reifegrad und Süße der Äpfel Zucker beifügen. Nicht zu weich kochen. Mit Vanillesoße anrichten.

✦

Habt ihr Geschmack an Suppen, so empfehlen wir euch die berühmte Pariser Zwiebelsuppe. Hinterher gibt es Kartoffelpuffer oder Hefeplinsen.

Zwiebelsuppe, französisch

1 1/2 kg Zwiebeln, 100—120 g Margarine, Pfeffer, 2 1/2 l Fleisch- oder Würfelbrühe oder Wasser, 20 Scheiben Weißbrot (1 kleines Weißbrot), 1 Tasse (etwa 100 g) geriebener Käse, Salz.

Zwiebeln schälen, längs halbieren, in Scheiben schneiden und in der reichlichen Hälfte Margarine unter ständigem Wenden glasig braten. Brühe zugießen und die Zwiebeln 20 Minuten zugedeckt kochen. Mild salzen, da der Käse ebenfalls würzt. Kräftig pfeffern, am besten mit frisch gemahlenem Pfeffer. Die Brotscheiben in der restlichen Margarine auf beiden Seiten braten. Die Suppe in feuerfeste Schüsseln füllen, die gut mit Käse bestreuten Weißbrotscheiben obenauf legen und in der Röhre überbacken.

Sind nicht genügend feuerfeste Schüsseln vorhanden, dann verteilt die mit Käse bestreuten Weißbrotscheiben auf ein Kuchenblech, schiebt sie zum Überbacken kurz in die heiße Röhre oder legt sie in den vorgeheizten Grill. In jede Portion Suppe gehören 1—2 Scheiben Weißbrot.

Nach der Suppe gibt es

Kartoffelpuffer

Unter die geriebenen Kartoffeln — für 10 Personen braucht ihr ungefähr 3 kg — könnt ihr etwas Salz, geriebene Zwiebel oder Mohrrübe mischen und den Kartoffelsaft leicht mit Mehl binden.

In die Pfanne kommt so wenig Öl, daß der Boden gerade bedeckt ist. Sobald sich leichter bläulicher Rauch zeigt, gebt ihr sofort den Teig hinein und streicht ihn mit dem Löffelrücken auseinander. Bei so vielen Personen braucht ihr mehrere Bratpfannen; Kartoffelpuffer schmecken am besten, wenn sie gleich vom Herd weg gegessen werden. Sollen sie knusprig bleiben, dann stapelt sie nicht übereinander, sondern legt sie auf ein Backblech in die schwach geheizte Röhre.

Hefeplinsen

60 g Hefe, 150 g Zucker, 2 l Milch, 1 kg Mehl, 4 Eier, 1/2 TL Salz, 1 Stück Speck. Dazu 1 Glas Marmelade oder 125 g Butter oder gute Margarine, Zimtzucker oder Kompott.

Hefe in 1 EL Zucker und 1 Tasse lauwarmer Milch verrühren. Zum Mehl geben und mit der übrigen lauwarmen Milch, dem Zucker, den Eiern und dem Salz gut verrühren. Teig 1 Stunde warm gestellt gehen lassen (Achtung, wird dreimal so hoch!), dann durchrühren und backen. Die heiße Bratpfanne jeweils mit einem an einer Gabel aufgespießten Stück Speck einfetten. Dann mit einer kleinen Kelle Teig in die Pfanne gießen. Zum Wenden der Plinsen nehmt ihr am besten eine Palette. Auch hier ist es praktisch, mehrere Tiegel zugleich zu bedienen. Die Plinsen können übereinandergestapelt werden. Wollt ihr sie mit Zimtzucker bestreuen, laßt vorher eine Messerspitze Butter auf der Plinse zerlaufen.

Mit einer Käse-Party habt ihr wenig Arbeit, sie kann aber den Etat eines einzelnen stark überziehen. Deshalb sollte jeder ein Stück Käse oder etwas Obst dazu beisteuern. Damit nicht alle das gleiche bringen, müßt ihr vorher verabreden, welche Sorten gekauft werden sollen.

Auf einem großen Brett oder mehreren Küchenbrettchen verteilt ihr verschiedene Sorten Käse, 2 oder 3 Stücke Schnittkäse, zur Hälfte in Scheiben geschnitten, sowie Camembert, Brie- und Schmelzkäse. Harzer, mit Zwiebel, Essig und Öl angerichtet, und dazu ein Töpfchen Schmalz findet auch seine Liebhaber. Zur Weihnachtszeit kann es die feinen „Gänsefettbemmchen“ — wie es in Sachsen heißt — geben, ohne oder mit einer dünnen Scheibe Schnittkäse. Pro Person rechnet man 150—200 g Käse. Dazu Butter oder besser Rahmbutter oder Cama, denn manche Käsesorten haben einen hohen Fettgehalt. Zu Käse schmeckt helles und dunkles Brot, Knäckebrot, Pumpernickel; auch ein Päckchen Kräcker kann dabei sein. Vergeßt nicht, mehrere Messer für Brot und die verschiedenen Käsesorten hinzulegen und an Gewürzen Edelsüßpaprika, Curry und Senf auf den Tisch zu stellen.

Käseplatten verziert man gern mit frischem Obst und Gemüse.

Sehr dekorativ wirken Weintrauben, vor allem die blauen, aber die gibt es nur kurze Zeit. Einige blank polierte Äpfel oder Birnen, dazu im Sommer Gurken, Tomaten, Paprikaschoten, Salatblätter oder Petersilie, im Winter Apfelsinen bilden mit ihren kräftig leuchtenden Farben einen ebenso hübschen Kontrast.

Vielleicht wollt ihr auch ein paar „Appetitshäppchen“ hinstellen? Dann schlagen wir euch die bekannten Käsespießchen und Käsewürfel sowie Käseschnittchen vor.

Käsespießchen

Schnittkäse in 1,5 cm mal 1,5 cm große Würfel schneiden und Verschiedenes obenauf setzen: ein Scheibchen Banane und 1/2 Walnuß, eine Weinbeere, ein Würfelchen harte Wurst mit einer Scheibe Apfelsine oder 1 Rädchen grüne Gurke, 1 Radieschen, 1 Tomatenachtel oder eine Kirsche. Mit Cocktailspießchen zusammenhalten.

Käsewürfel

Jeweils zwei Pumpernickelscheiben mit Ranmbutter bestreichen, mit dicken Käsescheiben belegen und aufeinandersetzen. Mit einer dritten Pumpernickelscheibe abdecken. 1 Stunde in den Kühlschrank legen. Danach lassen sich die gefüllten Pumpernickel mit einem scharfen Messer leicht in Würfel schneiden.

Käseschnittchen

Vollkornbrot — oder Pumpernickelscheiben mit Cama bestreichen, vierteln, Schnittkäsescheibchen, größere Tomaten- und kleinere Eischeiben darauflegen. Besonders hübsch sieht es aus, wenn der Käse mit dem Buntmesser geschnitten wird.

✧ Eine Käseplatte hält sich, in Pergamentpapier oder Folie fest eingewickelt, im Kühlschrank mehrere Stunden frisch.

Zu Käse passen Fruchtsaftgetränke und schwarzer Tee.

✦

Unser vierter Vorschlag für eine 10-Personen-Fete besteht aus drei Salaten. Zuerst ein

Teigwarensalat

500 g Teigwaren (Muscheln, Spirelli, breite Bandnudeln), 1 große Sellerieknolle, 200 g Schnittkäse, 200 g

harte Wurst, Bierschinken oder Jagdwurst, 4 Äpfel, 1 mittlere saure Gurke, 2 hartgekochte Eier — Salatsoße: 1/2 Tasse Öl, 2 EL Weinessig, 1 TL Salz, 1/2 TL Pfeffer, 1 kleine feingehackte Zwiebel, 1—2 TL feingewiegte Kräuter (Schnittlauch, Petersilie oder Dill).

Teigwaren laut Vorschrift kochen, abschrecken, gut abtropfen lassen. Sellerie schälen, halbieren, nicht zu weich kochen, in kleine Würfel schneiden. Schnittkäse, Wurst und die ungeschälten Äpfel würfeln. Gurke und Eier grob hacken. Alle Zutaten mit der Salatsoße vermengen. Gut durchziehen lassen. Vor dem Auftragen die Kräuter unterheben und den Salat nochmals abschmekken.

Eiersalat

8—10 hartgekochte Eier. Soße: 1 EL Mayonnaise, 1/2 Flasche Magermilchjoghurt, 1 Messerspitze Zucker, Salz, einige Tropfen Zitronensaft oder Essig und Speisewürze, 1—2 EL feingehackte frische Kräuter wie Schnittlauch, junge Löwenzahn- und Brennesselblätter.

Die Eier in Scheiben schneiden — am besten mit dem Eierschneider —, auf einer Platte dachziegelartig anrichten und die Soße darüber geben.

Eiersalat könnt ihr mit Dosenfisch, Gurken-, Tomaten-, Radieschenscheiben oder gedünstetem Gemüse verändern.

Dazu gebuttertes Vollkornbrot oder knusprig gerösteter Toast.

Den nächsten Salat empfehlen wir euch ganz besonders.

Die Menge ist für 10 Personen berechnet, aber wir glauben bestimmt, daß er — vor allem im Winter — bei euch öfters in kleineren Portionen auf dem Tisch steht.

Weißkohlsalat mit Speck

1 Kopf Weißkohl (etwa 1 kg), 2 EL Öl, 1 EL Essig, 1 TL Salz, 1 TL Kümmel (nach Belieben feingehackt), 80 g Speck.

Das Kraut fein schneiden, entweder mit heißem Wasser überbrühen, 5 Minuten ziehen und gut abtropfen lassen oder roh mürbe stampfen. Dann die Salatmarinade zufügen. Vor dem Anrichten den feingeschnittenen Speck knusprig braten und unter den Salat heben. Eventuell noch nachwürzen. Das Kraut hat roh gestampft einen frischeren Geschmack, aber auch die andere Zubereitungsart schmeckt ausgezeichnet.

Rund um den Tisch

Manche sitzen gern im kleineren Kreis beisammen, unterhalten sich und essen dabei. Der Tisch sollte nett und mit etwas Phantasie gedeckt sein. Das trägt zur guten Stimmung bei und gibt auch einer einfachen Speise eine festliche Note. Dies gilt ebenso für den Alltag. Nachstehend einige Rezepte für Gerichte, die ihr dabei auftragen könnt. Die Mengen sind jeweils für 6 Personen berechnet:

Beim Plinsenbacken habt ihr gewiß die Erfahrung gemacht, daß ein Hefeteig gar nicht eine so komplizierte Angelegenheit ist. Als nächsten Schritt könnt ihr euch an eine der begehrten Pizzas wagen.

Pizzateig (3—4 Personen)

15 g Hefe, 1 Prise Zucker, 1/8 l Milch, 200 g Mehl, 1 Prise Salz, 2 EL Öl.

Hefe in der gesüßten lauwarmen Milch auflösen, mit den anderen Zutaten zu einem glatten Teig kneten. Klebt der Teig, noch ein wenig Mehl, ist er zu trocken, etwas

Öl oder Milch zufügen. 1 Stunde gehen lassen, wieder durcharbeiten, ausrollen und in einer Springform oder auf einem Kuchenblech ausbreiten. Mit der Gabel mehrmals in den Teig stechen. Noch 10 Minuten gehen lassen, dann belegen. Womit, dafür gibt es keine feste Regel, allerdings sind Tomatenscheiben sehr beliebt. Eine kleine Pizza könnt ihr aus dem halben Rezept in einer Bratpfanne mit Metallgriff backen.

Pizzafüllungen

— 150 g Salamiwürfel, 300 g Tomatenscheiben, 1—2 Paprikaschoten, in kleine Stücke geschnitten, 1/2 TL gerebelten Thymian oder Majoran, 200 g geriebenen Käse auf dem Teigboden anordnen, mit Pfeffer, Salz und Paprika würzen, 1—2 EL Öl darüber träufeln.

— 1 kleine Flasche Tomatenketchup auf den Teig streichen, dann 500 g Fischfilet oder Räucherfisch, entgrätet und zerpflückt, 250 g Tomatenscheiben und 250 g dünne Zwiebelringe darauf verteilen. Mit 1 EL Öl beträufeln, Pfeffer, Salz und 1/2 TL Thymian bestreuen. — 2 gehackte, in 1 EL Öl angedünstete Zwiebeln, 200 g Schabefleisch, 100 g Hackepeter, 80 g gewürfelter Schnittkäse, 2—3 EL Ketchup, 1/2 eingeweichtes und ausgedrücktes Brötchen, 1 Eigelb, 2 frische oder eingelegte kleingeschnittene Paprikaschoten mischen und auf den Teig auftragen. 300 g Tomatenscheiben darauflegen und Salz und Pfeffer darüber streuen.

✧ 3—4 EL Tomatenmark entsprechen 500—600 g Tomaten.

— 2 EL Speckwürfel auslassen, darin 1 große feingehackte Zwiebel goldgelb dünsten. Mit 200 g kleingeschnittenem Sauerkraut und einem Paar Wiener oder einer Bockwurst, in Scheiben geschnitten, vermengen. Gehackten Kümmel dazugeben. Den Teigboden mit 1 EL Öl bepinseln und die Krautmischung darauflegen.

Nun wird die Pizza in der vorgeheizten Backröhre bei 200 °C 25—30 Minuten gebacken. Eine Pizza darf nicht trocken sein, eventuell nach 15 Minuten Backzeit Alufolie oder gefettetes Pergamentpapier darüber legen. Nach 10 Minuten wieder wegnehmen, damit der Teigrand noch bräunt. Die Pizza wird heiß aufgetragen. Dazu grüner Salat.

Tatar mit Knoblauchtoast

750 g Schabefleisch, 2 Zwiebeln, 2—3 kleine saure oder Gewürzgurken, Salz, Pfeffer oder Peppersauce, Edelsüßpaprika, Senf, 1 Röhrchen Kapern, 2 Eigelb, Tomatenketchup, Selleriesalz, Worcestersauce, Anchoviscreme, Heringsfilets oder Kräutergabelbissen.

Das Schabefleisch bergartig auf einer Platte anrichten. Die Eigelb in sauberen Eischalen darauf eindrücken oder kurz vor dem Essen mit dem Fleisch mischen.

Zwiebeln und saure Gurken fein hacken und wie die weiteren Zutaten — soweit vorhanden — auf kleine Teller extra legen, Flaschen mit Würzsoßen auf den Tisch stellen. Jeder kann sich sein Schabefleisch für den Rohverzehr selbst mischen. Dazu Misch- und Vollkornbrot, Butter, Rahmbutter.

✧ Schabefleisch darf nur einen halben Tag — kalt gestellt — aufbewahrt werden. Also nicht zu früh kaufen.

In einer kleinen Berggaststätte in der ČSSR wurden uns zu Tatar Toastscheiben gereicht, die stark nach Knoblauch „dufteten“. Wir sahen, wie die Köchin die Scheiben in der Pfanne in Fett röstete und mit halbierten Knoblauchzehen einrieb. Es schmeckte ganz ausgezeichnet! Wenn ihr auch Knoblauchbrote dazu essen wollt, beteiligen sich am besten alle daran, sonst steigt der Knoblauchduft den Nichtessern unangenehm in die Nase. Und rechnet damit, daß ihr auch am nächsten Tag noch „duftet“. Tomaten, Gurken oder Obst sind die rechte Ergänzung zu Brot und Fleisch, und ein Nachtisch wie Tuttifrutti oder Rote Grütze (aus der Tüte) mit Vanillesoße (ebenso aus der Tüte) rundet die Mahlzeit ab.

Tuttifrutti

ist eine Mischung aus beliebigem rohem oder gedünstetem Obst, Gebäck wie Keksen oder in Stücke geschnittenem Kastenkuchen und Pudding. Das gedünstete Obst muß gut abgetropft sein. Wenn ihr den Pudding verfeinern wollt, dann rührt nach dem Kochen ein Eigelb darunter, schlagt das Eiweiß zu festem Schnee und hebt es leicht unter den heißen Pudding. Die Zutaten werden schichtweise in eine Glasschüssel, in Weingläser oder Glasschälchen gefüllt und kalt serviert. Für 4—6 Personen braucht ihr etwa 500 g Obst, 1 Puddingpulver, 1/2 l Milch, ungefähr 80 g Kekse oder 4 nicht zu dünne Scheiben Kastenkuchen, in Stücke geschnitten.

✦

Kohlrouladen (6—8 Personen)

1 großer Kopf Weiß- oder Wirsingkohl, 600 g gemischtes Hackfleisch, 2 Brötchen, 2 Zwiebeln, 1 Ei, Salz, Pfeffer, Kümmel, 75 g Margarine, 2 EL Tomatenmark oder 1 Tasse Tomatensaft (kann auch wegbleiben), etwa 1 EL Stärkemehl.

Vom Kohl die schlechten äußeren Blätter abziehen, mit einem spitzen Messer den Strunk herausschneiden, den Kohlkopf waschen und etwa 15 Minuten in Salzwasser kochen. Auf einem Sieb abtropfen lassen. Die Blätter einzeln lösen. Die dicken Rippen einschneiden. Hackfleisch, eingeweichte und ausgedrückte Brötchen, geriebene Zwiebel, Ei und Gewürze mit 2—3 EL feingeschnittenen Krautblättchen aus dem Innern gründlich durcharbeiten und vermengen. Auf je ein oder zwei gebrühte Blätter ein bis zwei kleinere legen und darauf die Fleischmasse verteilen. Die Kohlblätter erst an den Seiten nach innen schlagen, dann zusammenrollen, so daß die Fülle fest verpackt ist. Die Rouladen mit einem Faden umwickeln oder mit Rouladennadeln zusammenhalten. Fett zerlassen, die Kohlrouladen ringsum kräftig anbraten und bräunen. Eine größere Anzahl Kohlrouladen gibt man am besten in einer Bratenpfanne in die Röhre. Während des Schmorens verdünntes Tomatenmark oder Tomatensaft und etwas Brühe zugießen. Die garen Kohlrouladen — sie brauchen etwa 45 Minuten — nach dem Entfernen der Fäden oder der Rouladennadeln auf eine vorgewärmte Platte legen. Die Soße mit in kaltem Wasser angerührtem Stärkemehl binden, aufkochen und mit Salz abschmecken. Dazu Salzkartoffeln. Kohlrouladen schmecken auch mit ungebrühter Bratwurstmasse.

✦

An heißen Tagen freut sich jeder über eine Kaltschale. Zwei weltberühmte Gemüsekaltschalen sind die bulgarische Tarator und die spanische Gazpacho. Beide gibt es in den verschiedensten Varianten.

Tarator

2 Flaschen Joghurt, 1/4 l Milch, 2—3 EL Öl, 2 mittlere Salatgurken, Salz, Pfeffer, 1 Knoblauchzehe, 2 EL feingeschnittener Dill, 2 EL gehackte Walnüsse (wenn vorhanden).

Joghurt, Milch und Öl mit dem Schneebesen glattschlagen, die geschälten, geraspelten Gurken zugeben, mit Salz, Pfeffer und der Knoblauchzehe (kann auch wegbleiben) würzen und den Dill unterrühren. Die Suppe kalt stellen. Wenn ihr wollt, tragt ihr sie mit Eiswürfeln und gehackten Nüssen auf. Anstelle von Joghurt und Milch könnt ihr auch 1/2 l saure Sahne und etwas Wasser nehmen.

Gazpacho

1200 g Tomaten, 100 g entrindetes Weißbrot, 2—3 EL Mayonnaise, 3—4 EL Essig, Pfeffer, Salz, Paprika, 1 Messerspitze Zucker, 2—3 EL feingeriebene Zwiebel, 1 Salatgurke, 2 EL feingehackte Petersilie oder 1 gehäufter EL Pfefferminzblättchen.

Tomaten enthäuten, bis auf 2 Stück mit dem eingeweichten Brot durch ein Sieb streichen oder elektrisch pürieren. Mayonnaise mit Essig verdünnen und unter den Tomatenbrei rühren. 1 l kaltes, abgekochtes Wasser zugießen. Die Suppe kräftig würzen. Die Gurke schälen, halbieren, die Kerne herausschaben, mit den 2 restlichen Tomaten in kleine Würfel schneiden und in die Suppe geben. Petersilie oder Pfefferminzblättchen darüberstreuen. Kalt, nach Belieben auch mit Eiswürfelchen, auftragen.

✦

Zu den Leibspeisen junger Leute gehören die tschechischen

Buchteln

500 g Mehl, 1/4 l Milch, 30 g Hefe, 50 g Zucker, 60 g Margarine, 1 Ei, 1/2 TL Salz, 1 Päckchen Vanillinzukker, Pflaumenmus oder beliebige Marmelade, 50—100 g Fett zum Bestreichen.

Mehl in eine Schüssel sieben, in die Mitte eine Vertiefung machen, 1/8 l lauwarme Milch mit der zerdrückten Hefe, Zucker und Margarine darin verrühren. Dann die restliche Milch mit dem verquirlten Ei, Salz und Vanillinzucker zufügen. Einen glatten mittelfesten Teig kneten, der sich von der Schüssel löst. Mit einem Tuch bedeckt etwa 60 Minuten an einem warmen Platz gehen lassen. Den Teig auf einem bemehlten Brett fingerdick ausrollen. Zu Vierecken schneiden, mit beliebiger Marmelade belegen. Die Teigzipfel fest zusammendrücken. Mit der Hand rund formen und mit zerlassenem Fett bepinseln. Die Buchteln mit der zusammengedrückten Seite nach unten nebeneinander in eine gefettete Bratpfanne mit hohem Rand oder eine Springform legen. Nochmals 30 Minuten gehen lassen. Dann etwa 30 Minuten bei 200 °C goldbraun backen. Mit Vanillesoße reichen oder mit Puderzucker bestäuben.

✧ Hefe hat es gern warm, lauwarm wohlgemerkt, auf keinen Fall heiß.

- ✧ Liebt warme Zutaten — nicht eiskalt aus dem Kühlschrank.
- ✧ Mag keine Zugluft.
- ✧ Braucht wenig Fett. Viel Eier machen den Teig trocken.
- ✧ Hält sich kalt gestellt bis zu einem Monat in einem fest verschlossenen Glas, sonst nur wenige Tage.
- ✧ Hefeteig kann man eingewickelt 3–4 Tage im Kühlschrank aufbewahren. Vor dem Backen nochmals gehen lassen.

✦

Zu den berühmten Suppen zählt auch die russische

Fischsoljanka

2 mittlere Zwiebeln, 3 EL Öl, 3 EL Tomatenmark, 600—750 g Fischfilet, 3 mittelgroße saure Gurken, 1 Lorbeerblatt, Salz, Pfeffer, 4—5 Tomaten, 2 l Würfelbrühe, 1 kleine Zitrone, Kräuter, möglichst Dill und Petersilie gemischt.

Die feingehackte Zwiebel in heißem Öl glasig dünsten. Tomatenmark untermischen und etwa 5 Minuten auf kleiner Flamme rühren. Fischstückchen, geschälte Gurkenscheibchen, Gewürze und Tomatenachtel zufügen, mit heißer Brühe auffüllen und 10 Minuten leise sieden lassen. Die Fischsoljanka mit geschälten, entkernten Zitronenscheiben und gehackten Kräutern anrichten.

✦

Habt ihr danach Appetit auf etwas Festes, so macht

Smørrebrøds

Sie haben von Skandinavien aus ihren Weg auf viele europäische Tische gefunden.

Die „Grundlage“ dafür sind gebutterte Brotscheiben gleich welcher Art. Wenn ihr habt, könnt ihr darauf ein gewaschenes, gut abgetrocknetes Salatblatt legen. Es geht aber auch ohne. Und jetzt kommt etwas Wichtiges: Das Smørrebrød muß appetitlich dekoriert, farblich gut abgestimmt sein. Ihr könnt so gut wie alles Schmackhafte dazu verwenden: Wurst, Fleisch, Geflügel, gebraten, gekocht, Fisch, geräuchert, gebraten, sauer eingelegt. Dazu Obst, Gemüse, Eier und Käse in jeder Form. Die nordischen Länder haben das belegte Brot zu einem Kunstwerk gemacht. Ein Gastwirt bot 1888 in Kopenhagen in seinem Smørrebrød-Lokal 178 Sorten an. Ein nach Hans Christian Andersen benanntes Brot war mit dessen Lieblingsspeisen belegt: Leberpastete, Aspik, Speck- und Tomatenscheiben, mit Meerrettich und Petersilie garniert. Versucht einmal, euch die folgenden Smørrebrøds farblich und geschmacklich vorzustellen.

— 1 Scheibe Leberkäse, in Streifen geschnittene Gewürz- oder Senfgurke, darauf einen Klecks Salatkrem, daneben 2 Ei- und 2 Tomatenscheiben dachziegelartig angeordnet.
Für die Salatkrem nehmt ihr die joulereduzierte, und mischt sie mit 1 EL Zitronensaft, 1 EL Senf, 1 feingehackten kleinen Zwiebel oder 1 EL feingeschnittenem Schnittlauch und würzt mit Salz, Pfeffer, 1 Prise Zucker.

— 2—3 Streifen entgräteter Bückling, dazwischen 1/2 kaltes Rührei, an der Seite einige Radieschenscheiben oder hauchdünne Rettichscheiben, alles mit feingehackten Kräutern bestreut.

— Gebratene Fischsticks, Salatkrem, Tomatenachtel.

— Scheiben von saurer Gurke, ein längs halbierter Rollmops, feingeschnittene Zwiebelringe.

Smørrebrøds dürfen nicht lange liegen. Damit das Belegen schnell geht, gebt ihr alles in der benötigten Reihenfolge in eine Schüssel. Die einzelnen Zutaten trennt ihr durch Pergamentpapier oder Alufolie. Obst und Gemüse wird gewaschen, aber erst vorm Belegen zerteilt. Wir raten euch, nicht zuviel verschiedenartige Brote zuzubereiten und in — sagen wir — Fließbandmethode zu arbeiten. Also 6 Scheiben Brot buttern (oder gleich eine lange Scheibe Kastenbrot), und alle erst mit der einen, dann mit der nächsten Zutat belegen.

✦

Buttermischungen schmecken gut und sind leicht herzustellen. Sie können Broten einen würzigeren Geschmack verleihen, zum Beispiel unter frischer Gurke, mildem Käse oder Ei, oder weiteren Belag ganz ersparen. Praktisch ist es, sie zu einer Rolle zu formen und in Alufolie gewickelt im Kühlschrank aufzubewahren. Dann kann man Rädchen davon abschneiden und sie auf gekochte oder gegrillte Fleisch- und Fischscheiben legen.

Um es vorweg zu nehmen, Buttermischungen lassen sich ebensogut mit Margarine zubereiten.

Currybutter

100 g weiche Butter, 1 gestrichener TL Curry, 1 Messerspitze Zucker, 1 Prise Salz gut vermischen.

Auf die gleiche Weise wird *Kräuter-, Zitronen-, Meerrettich-, Paprika-, Senf- oder Tomatenbutter* (aus Tomatenmark) hergestellt. Den Zucker eventuell weglassen und nur mit Salz und Zitronensaft abschmecken.

Spaß beim Dippen

Zum Essen rund um den Tisch gehört auch das Dippen. Der Sachse sagt ditschen, der Berliner stippen, hochdeutsch heißt es tunken. Das tut jeder für sich allein. Wenn man aber gemeinsam ditscht, stippt oder tunkt, dann heißt es „dippen“.

Womit man dippt:

Mit Streifen von Weißbrot, Schwarzbrot, Pumpernickel,

grünen und sauren Gurken, Paprika, Rettich, gedünstetem oder gebratenem Fisch oder Fleisch, Wurst, Käse, nicht zu weich gegartem Gemüse wie Möhren, Sellerie, Blumenkohlröschen, mit Chicoréeblättern, Radieschen, Apfelstücken, Tomaten- und Eivierteln, Fleischbällchen, Salzstangen, Kartoffelchips usw.

Wohin man dippt:

In kalte, kremige Soßen, die als Grundlage Joghurt, Quark, joulereduzierte Salatkrem, saure Sahne, Mayonnaise oder Öl haben. Je nach Appetit und Experimentierfreudigkeit fügt man verschiedene würzende Zutaten bei.

Wie man dippt:

Am besten, man nimmt die oben angeführten Streifen in die Hand. Ist das nicht möglich, dann steckt man das Dipmaterial an Fondue- oder einfache Gabeln. Aber bitte nicht vom Stück abbeißen und wieder hinein in die Soßen!

Kalte Soßen sind nicht nur zum Dippen gut, sondern eine schmackhafte Ergänzung zu milden Speisen wie gekochtem oder gegrilltem Fleisch oder Fisch, zu Käse- und Eiergerichten, Würstchen und Hackfleisch.

Kräuter-Dip

125 g Quark, 2 EL Milch oder Joghurt, 3 EL Öl, 1 rohes Eigelb, 1 TL Senf, 1 Prise Zucker mischen, feingehackte Kräuter wie Schnittlauch, Dill usw. zugeben und mit Salz, Pfeffer und Zitronensaft abschmecken.

Tomaten-Dip

1 EL Mayonnaise, 2 EL Joghurt, 1 EL Tomatenmark, 1 kleine feingehackte Zwiebel, 1 Prise Zucker. Alle Zutaten verrühren, mit Salz abschmecken.

Paprika-Dip

2 gehäufte EL energiereduzierte Salatkrem, 1 EL Pritamin, 1 TL feingehackte Zwiebel, 1 EL Zitronensaft, Salz, Pfeffer. Zutaten mischen und abschmecken.

Zigeunersoße

2 EL Tomatenmark, je 1 TL Senf und Meerrettich mischen, mit Salz, 1 Prise Zucker, Paprikapulver und Zitronensaft würzen.

Pariser Soße

Tomatenketchup, Mayonnaise, Kondensmilch zu gleichen Teilen mit 1 Prise Zucker verrühren.

Senfmayonnaise

3 EL Senf, Öl, Dosenmilch, 1 Prise Pfeffer, 1 Prise Salz.
Senf verrühren, tropfenweise Öl und löffelweise Kondensmilch zugeben. Soße dickt stark nach. Vor Gebrauch verdünnen.

Remouladensoße

2 EL Mayonnaise, 2 EL Joghurt, 1 EL feingehackte Gewürz- oder saure Gurke, je 1 TL gewiegte Kapern und Zwiebeln, 1 TL Senf mischen, mit Salz, Pfeffer, Zitronensaft abschmecken. Kräuter nach Belieben.

Aioli

heißt die berühmte Knoblauchsoße des Südens. Man nehme:

3—4 Knoblauchzehen, 1 Eigelb, 5 EL Öl, Salz, Pfeffer, Zitronensaft. Die Knoblauchzehen fein schneiden, mit etwas Salz zerstampfen, das Eigelb untermischen und das Öl tropfenweise unter stetem Rühren zugeben, bis eine mayonnaiseartige Krem entsteht. Mit Pfeffer und Zitronensaft abschmecken.

Diese Soße wird zu gegrilltem und gekochtem Fleisch und Fisch sowie hartgekochten Eiern und Teigwaren gereicht, über warmen Blumenkohl gegossen oder mit kaltem, nicht zu weich gedünstetem Gemüse wie jungen Erbsen, zarten Bohnen, Karotten- und Selleriewürfeln als Vorspeise serviert.

Aioli für Joulebewußte

5 zerstampfte Knoblauchzehen mit 1 TL Öl vermischen, 1 Tasse joulereduzierte Salatkrem unter Rühren allmählich zugeben. Mit Salz, Pfeffer und Zitronensaft kräftig abschmecken.

Das kalte Büfett

ist eine moderne Form der Bewirtung. Es hat den Vorteil, daß alles bereitsteht, wenn die Gäste kommen. Jeder kann nach seinem Geschmack wählen, und die Selbstbedienung schafft zugleich eine zwanglos-fröhliche Atmosphäre.

Für ein kaltes Büfett gibt es kaum feste Regeln. Es kann zwischen festlich und rustikal variieren und ganz und gar dem Rahmen angepaßt werden, der nun einmal durch die Räumlichkeit oder die Geldmittel geboten ist.

Ein kaltes Büfett läßt sich überall aufbauen, auf einem kleinen Tisch oder einer langen Tafel, in einem Untermietzimmer, einer Küche, ja sogar auf dem Flur. Es muß auch nicht von den Gastgebern allein bestritten werden. Oftmals tragen die Gäste mit eigenen Schöpfungen dazu bei. Beim Zusammenstellen und Anrichten der Speisen bleibt viel Spielraum für originelle Einfälle. Achten sollte man dabei auf eine farbliche und geschmackliche Harmonie. Auch macht es mehr her, wenn die Speisen auf engem Raum, also dicht beisammen stehen. Sparsamer Blumenschmuck oder Kerzenlicht kann, muß aber nicht sein.

Wollt ihr nicht alle Speisen auf die gleiche Ebene stellen, so fertigt euch kleine Podeste aus umgestülpten Vasen, Schüsseln oder festen Kartons und verhüllt sie mit Stoff oder buntem Papier. Eine der Gästezahl entsprechende Menge Mittelteller, Bestecke, Mehrzweckgläser, eventuell Servietten, haben ihren Platz an der Seite oder auf einem Tischchen neben dem Büfett. Wird eine Süßspeise gereicht, braucht man noch kleine Teller oder Schälchen.

Weiter gehören zum Büfett helles und dunkles Brot und 20 g Butter oder anderes Streichfett pro Person sowie Gewürzstreuer.

Was für Speisen eignen sich für ein kaltes Büfett?
Grundsätzlich alle kalten Speisen, wobei etwas Warmes, eine Suppe, Würstchen, Schaschlik und anderes auch gern gegessen werden. Außerdem
Salate: Kartoffel-, Reis-, Teigwaren-, Fleisch-, Geflügel-,

Fisch-, Wurst-, Käse-, Eiersalat oder solche aus gekochtem oder rohem Gemüse.
Kalte Platten: Fleisch und Wurst in Scheiben dachziegelartig nach Größe und Farbe geordnet, Fischspeisen, Käse im Stück oder in Scheiben, nett dekorierte Brote und Appetitshäppchen aus den verschiedensten kalten Zutaten.
Pikantes Gemüse: Gurken, rote Bete, Sellerie, Paprikaschoten.
Nachtisch: Obst, Obstsalat, eine Süßspeise, kleines Gebäck, Eis.
Süße oder salzige Knabbereien.
Fangen wir mit letzteren an.

Salzmandeln

Süße Mandeln mit kochendem Wasser überbrühen, kurz ziehen lassen, dann abgießen. So kann man sie leicht schälen. Wenig Butter oder Öl in einer Pfanne erhitzen und die Mandeln unter ständigem Rühren in etwa 10 Minuten hellgelb rösten. Auf sauberes, möglichst saugfähiges Papier schütten und noch heiß sparsam mit Salz bestreuen. Warm oder kalt reichen. Abgekühlt halten sie sich in einem verschließbaren Behälter eine Woche frisch.

Käsestangen

50 g geriebener Käse, 50 g Margarine, 70 g Mehl, Salz, Paprikapulver zu einem Teig verarbeiten und kalt stellen. Ausrollen, Streifchen schneiden, die man zweimal um sich selbst dreht. Mit Eigelb bestreichen, mit geriebenem Käse bestreuen und bei starker Hitze auf nassem Blech schnell backen.

✦

Heringssalat

4 Salzheringe oder 1 kleines Glas saure Heringe, 8—10 geschälte Pellkartoffeln, 500 g Äpfel, 250 g saure oder Gewürzgurken, 1 kleine nicht zu weich gekochte Knolle Sellerie, 2—3 gekochte rote Rüben, 1 große Zwiebel, Salz, Essig, 1/2 Tasse Öl.

Die gewässerten, entgräteten Salzheringe sowie alle anderen Zutaten in kleine Würfel schneiden, sparsam mit Salz und Essig würzen und das Öl leicht unterheben. Einige Stunden kalt gestellt durchziehen lassen und vor dem Auftragen nochmals abschmecken.

Reissalat

1 kleines Glas saure Heringe, 2 Äpfel, 1 saure Gurke, 2 Tomaten, 2 hartgekochte Eier, 3 Tassen gekochter Reis, 1 Tasse Joghurt, 2 gehäufte EL Mayonnaise, Salz, Pfeffer.

Die Heringe, die geschälten Äpfel, Gurke und Tomaten kleinschneiden, die Eier hacken und alles mit Reis mischen. Joghurt und Mayonnaise verrühren, mit Salz und Pfeffer würzen und unter den Salat heben. Gut durchziehen lassen. Den Salat könnt ihr in eine Schüssel füllen, etwas andrücken und stürzen.

Einige weitere Zutaten für Reis- und Teigwarensalate:

✧ Gekochter Schinken, Salami oder Bierschinken, Gewürzgurken, Paprika, Zwiebeln, Paprikapulver ✧ Heringsfilet in Tomatensoße, Salat- oder Gewürzgurken ✧ Gemüsepaprika (auch mariniert), Äpfel, Fleischreste, Schinkenwurst oder Bockwurstscheiben ✧ Bücklingsfilet, grüne gare Bohnen, Salatgurke, Tomaten, Zwiebeln ✧ Äpfel oder Pfirsiche, Geflügelfleisch (Reis).

Ist der Salat sehr gehaltvoll, dann richtet ihn mit Sauce

Vinaigrette, joulereduzierten Salatsoßen oder Joghurt an.
Rezepte für Kartoffelsalat findet ihr im Gemüsekapitel, eins für Teigwarensalat unter Partys für 10 Personen.

Wurstsalat

250 g Sülzwurst oder Jagdwurst würfeln, 1—2 Paprikaschoten in feine Streifen schneiden, 1 Zwiebel hacken, 4 Tomaten enthäuten und das feste Fleisch würfeln. Zutaten mischen und Sauce Vinaigrette mit feingehackten Kräutern leicht unterheben.

Gekaufte Feinkostsalate lassen sich rasch verändern: Fleischsalat durch Sellerie-, Apfel- und Gurkenwürfel, hartgekochte, grobgehackte Eier; Gemüsesalate unter anderem durch gekochten, gewürfelten Schinken oder Bierschinken.

Für *Appetitshäppchen* rechnet man pro Person 5 Portionen. Dazu werden weder Teller noch Besteck benötigt.

Buletten, garniert

Kleine Buletten halbieren, mit scharfem Senf und Meerrettich bestreichen und mit überbrühten, mit Salz und Pfeffer gewürzten Zwiebelringen belegen oder mit Gemüsesalat füllen.

Wursttüten

Nicht zu kleine Scheiben von Bierschinken, Mortadella, Zervelatwurst, Jagdwurst bis zur Mitte einschneiden, die Schnittkanten übereinanderlegen und Tüten formen. Mit Rührei, Meerrettichmayonnaise, Gemüse-, Käse- oder Eiersalat füllen.

Brotscheiben, garniert

Scheiben von verschiedenen Brotsorten rund, dreieckig oder viereckig schneiden, buttern (eventuell mit Buttermischungen), mit Schabefleisch oder Hackepeter und Heringshäppchen, Gurkenfächern oder -scheibchen, sauren Heringsstückchen mit Mayonnaise, kleinen Rollmöpsen mit Gurkenscheiben und Zwiebelringen belegen. Auf Salami passen Käseraspel, auf Kalbsleberwurst halbierte Walnüsse.

Spießchen, bunte

Mundgerechte kleine Happen auf Zahnstocher oder kurze Schaschlikspieße stecken und — nach Belieben — auf Äpfeln oder Kohlköpfen anrichten.

Zuerst legen wir uns einen kleinen Vorrat an Brotwürfeln zu. Dann werden Reste von Fleisch und Wurst mundgerecht geschnitten oder aus Hackfleischteig kleine

Kugeln gebraten. An Gemüse eignen sich Radieschen, kleine Zwiebeln, Champignons oder andere gegarte Pilze, Blumenkohlröschen, Paprikaschoten, frisch oder mariniert, grüne oder saure Gurken, Tomaten, Rettiche. Dazu Räucherfisch, saurer Hering oder Gewürzhering. Eier und Käse. Auch an Obst soll nicht gespart werden: Äpfel, Birnen, Pfirsiche, Pflaumen, Kirschen, Weintrauben, Bananen oder Apfelsinen je nach Art ganz, in Würfel oder Scheiben auf die Spieße reihen. Der Witz dabei liegt in der amüsanten Zusammenstellung verschiedener Geschmacksrichtungen.

✦

Schaschlik

Auch hierbei seid ihr an keine bestimmten Zutaten gebunden. Es findet sich immer etwas, was man dazu nehmen kann: Schnitzelfleisch, Schweine- oder Kaßlerkamm, Leber (in Öl und Gewürzen mariniert), Schinken, kräftige oder mild gewürzte Wurst, Bockwurst, Speck, Zwiebeln, Paprikaschoten, Gurken, Tomaten, Äpfel, Hackfleischkugeln usw. Alles soll mundgerecht geschnitten sein. Die Schaschlikspieße von allen Seiten in der Pfanne braten oder grillen.

✦

Partybrote

1 Kaviarbrot, 1—2 EL Öl, 100 g Speck, 1 große Zwiebel, 1 Paprikaschote, 100 g Hackepeter, 100 g Schabefleisch, 2—3 Tomaten, 2 EL Tomatenmark, Salz, Pfeffer.

In heißem Öl Speckwürfel anbraten, Zwiebelwürfel und die feingeschnittenen Paprikaschoten sowie Hackepeter und Schabefleisch zugeben und unter Rühren dünsten. Die enthäuteten, kleingeschnittenen Tomaten und Tomatenmark zufügen. Alles kräftig mit Salz und Pfeffer abschmecken, durchbraten und die Masse in ein

längs halbiertes, etwas ausgehöhltes Kaviarbrot füllen. Fest zusammenpressen, gut durchziehen lassen.

Die Füllung könnt ihr beliebig verändern, wie ihr aus dem zweiten Vorschlag erseht:

Die Schnittflächen des Kaviarbrotes mit Sonnenblumenöl beträufeln, mit Salz und Pfeffer bestreuen. Salatblätter auf die untere Hälfte des Brotes legen, feingeschnittene Zwiebelringe, dicke Tomaten- und Eischeiben sowie marinierte Heringshappen darauf verteilen. Die beiden Hälften aufeinanderlegen und das Brot, fest in Pergamentpapier oder Alufolie gewickelt, kalt stellen.

Brothälften, bunte

Ein Kastenbrot der Länge nach in Scheiben schneiden, Weißbrot oder Kaviarbrot ebenfalls längs halbieren. Die Hälften buttern und in bunter Reihenfolge beliebigen

Belag wie Wurst, Fleisch, Fisch, Käse, Salat oder Quarkmischungen, Ei-, Tomaten- und Gurkenscheiben, sauer eingelegte rote Rüben, Paprikaschoten, Sellerie oder grüne Bohnen darauf anordnen.

Die Brote legt ihr am besten auf ein Holzbrett. Jeder schneidet sich davon ab, wieviel er mag.

Das Auge ißt mit

Das Tüpfelchen auf dem i kann bei kalten Platten oder Salaten die Garnierung sein. Mancher gibt sich große Mühe damit, schneidet in sorgfältiger Kleinarbeit aus Apfelsinen, Tomaten, Gurken, Zitronen, Äpfeln oder Zwiebeln Körbchen, sticht aus gekochten Mohrrüben oder Käsescheiben mit Förmchen Herzen oder Sterne und fabriziert das ganze Sortiment Garnierungen aus Radieschen, Tomaten und Gurken.

Wichtig ist vor allem, auf Farbkontraste zu achten. Radieschen, Paprikaschoten, Tomaten sind leuchtend rot, Eigelb und Zitronen gelb, Gurken, Salatblätter, Petersilie und andere Kräuter grün, Eiweiß, Blumenkohl, Käse, Zwiebeln und Quark weiß. Dazu kommt noch das Orange der Apfelsinen und Mohrrüben, das dunkle Rot der roten Rüben. Über einen Mangel an Farben können wir uns also nicht beklagen. Weiter ist auf die geschmackliche Zusammenstellung Rücksicht zu nehmen.

Keine Weintrauben in Paprikaschoten anrichten, saure Gurken auf Äpfeln oder Zwiebeln in Melonen.

Die Garnierung für scharfe Gerichte sollte im Aroma mild sein, für milde kann, aber muß sie nicht kräftiger ausfallen.

Wer sich das Garnieren als Hobby auserkoren hat, mag gut und gern zeigen, was er bringt — nur nicht alles auf einmal: Weniger kann auch hier mehr sein.

Der Geburtstagskaffee

Vielleicht seid ihr an eurem Geburtstag zum erstenmal Gastgeber ohne die praktische und finanzielle Mithilfe der Eltern. Erwartet ihr mehrere Gäste, so lohnt es sich, den Kuchen selbst zu backen oder gekauften Tortenboden zu füllen, es ist billiger. Und vergeßt nicht, den Tisch hübsch zu decken: Ein paar Blumen, eine Kerze, Servietten oder buntes Band machen ihn gleich einladend, selbst wenn das Geschirr zusammengewürfelt ist.

Seit es die backfertigen Mehle gibt, geht das Backen wie am Schnürchen.

Außer Eiern und Margarine braucht ihr nichts hinzuzufügen, und auf der Packung steht genau beschrieben, was zu tun ist. Gut schmeckt ein

„versunkener" Obstkuchen

Ein Päckchen Kuchenmehl für Obstkuchen oder die Hälfte backfertiges Tortenmehl mit der entsprechenden Menge Margarine und Eier verrühren, den Teig in eine gefettete Kuchenform füllen und 500 g geschälte, entkernte Äpfel in Scheiben gleich daraufschneiden. Sie versinken zur Hälfte während des Backens. Sind die Äpfel nicht mürbe, sondern fest, dann müßt ihr sie vorher in ganz wenig Wasser kurz dünsten und gut abtropfen lassen. Backzeit etwa 30 Minuten bei Mittelhitze.

Anstelle von Äpfeln könnt ihr anderes Obst nehmen, zum Beispiel Pflaumen (750 g). Sie werden längs aufgeschnitten, entsteint und jede Hälfte noch einmal eingekerbt.

Nach dem Backen beträufelt man säuerliches Obst mit etwas zerlassener Margarine und streut Puderzucker oder Zimtzucker darüber.

✧ Margarine rührt sich mit ein wenig Mehl leichter schaumig.
✧ Backformen mit flüssiger oder weicher Margarine gut einfetten, mit Mehl, gesiebten Semmelbröseln oder Grieß ausstreuen.
✧ Der Kuchen ist durchgebacken, wenn an einem hineingesteckten Hölzchen kein Teig mehr hängen bleibt. Die Röhre abschalten und den Kuchen noch 5 Minuten darin stehenlassen.

Weiter empfehlen wir euch, einen Wiener Tortenboden zu kaufen. Ihr könnt ihn in drei, günstigenfalls — wenn er sehr hoch gegangen ist — sogar in vier Scheiben zerschneiden. Dazu nimmt man einen Zwirnsfaden, legt ihn in der entsprechenden Höhe um die Torte und zieht ihn straff. Aus drei Scheiben läßt sich eine hohe gefüllte Torte machen, aus zwei bekommt ihr zwei Obsttorten. Oder ihr nehmt zwei Scheiben für die gefüllte und die dritte für die Obsttorte.

Apfelsinentorte

2—3 Scheiben Wiener Tortenboden, Vanillepudding, 2 EL Zucker, knapp 3/8 l Milch, 1/8 l Apfelsinensaft (2 Apfelsinen), 1—2 Apfelsinen zum Belegen, 2 TL Zitronensaft, 80 g Butter. Glasur: 150 g Puderzucker, 1 EL zerlassenes Kokosfett, 2 EL Zitronensaft oder 150 g Puderzucker, 3 EL Zitronensaft, 1 Eiweiß.

Pudding mit 3/8 l Milch kochen, Zitronensaft, Apfelsinensaft und Butter sofort unterrühren. Diese sehr leichte, aber wohlschmeckende Krem dick auf eine oder zwei Tortenscheiben streichen und diese aufeinandersetzen. Falls die obere Scheibe gewölbt ist, dreht sie um und gleicht die Unebenheit mit Krem aus.

Für die Glasur rührt ihr Puderzucker und Zitronensaft in das warme, zerlassene Kokosfett, streicht es mit einem

Messer auf die obere Scheibe und, so gut es geht, um den Rand. Sollte die Glasur noch zu dick sein, dann gebt 1—2 TL heißes Wasser hinzu. Jetzt braucht ihr nur noch 12 oder 16 entkernte Apfelsinenspalten auf die Torte zu setzen, je nachdem, wieviel Stücke ihr herausschneiden wollt. Sieht der Tortenrand nicht glatt aus, so röstet 2—3 EL Haferflocken, Kokosraspeln, Mandelstifte oder -blättchen in etwas Butter und Zucker und drückt sie mit dem Messer an.

✧ Kremtorten oder Torten mit Guß lassen sich leichter schneiden, wenn das Messer jedesmal in heißes Wasser getaucht wird.

Schokoladentorte

2—3 Scheiben Wiener Tortenboden. Für die Krem kocht ihr dicken Schokoladenpudding (3/8 l Milch), rührt ein Päckchen Vanillinzucker, 1 TL feingemahlenen Kaffee, 1 gehäuften EL Butter, 1 Prise Salz und eventuell noch zusätzlich 1—2 TL Kakao darunter. Dann streicht ihr die Masse auf eine oder zwei Tortenscheiben und legt eine obenauf. Für die Glasur mischt ihr 150 g Puderzucker mit 2 EL Kakao und gebt nach und nach 4 EL heißes Wasser dazu. Die Ränder der Torte werden ebenfalls mit Glasur bestrichen und nach Belieben verziert.

✧ Klumpigen Puderzucker vor der Verwendung in einem Sieb oder mit dem Rollholz verreiben.

Obsttorte

Dazu genügt eine Scheibe Tortenboden. Sie wird mit frischem oder gedünstetem, gut abgetropftem Obst belegt und Tortenguß (am besten der schnellbindende) von der Mitte her darüber gegossen. Ist der Obstsaft zu süß, dann gebt noch 1—2 EL Zitronensaft dazu.

Zum Belegen empfehlen wir euch unter anderem schwarze und rote Johannisbeeren, Sauerkirschen, Weinbeeren, Stachelbeeren aus dem Glas, gedünstete halbierte Pfirsiche, Aprikosen oder Pflaumen. Erdbeeren werden am liebsten frisch verwendet.

- ✧ Feinfrostobst für Torten muß erst auftauen.
- ✧ Obsttorten vor dem Belegen mit geschlagenem Eiweiß bestreichen. So bleibt der Boden trocken. Damit das Obst nicht verrutscht, Marmelade oder Puddingmasse auftragen.

Kehren wir zu den backfertigen Mehlen zurück. Ihr braucht euch nicht nur an die Rezepte zu halten, sondern könnt zusätzlich zerbröckelte Schokolade, eine Handvoll Rosinen, Zitronat und ähnliche Zutaten mit in den Teig rühren.

✧ Rosinen waschen, trocknen und in Mehl wenden, damit sie nicht nach unten sinken.

Oder ihr backt einen Sandkuchen und einen Schokoladenkuchen aus backfertigen Mehlen, schneidet beide nach dem Erkalten längs durch und setzt sie mit einer Kremschicht zu zwei

Schwarzweißkuchen

zusammen. Die Butterkrem bereitet ihr aus 3/8 l Milch, 1 Puddingpulver (Vanille-, Sahne- oder Mandel-), 80 g Zucker, 1 Prise Salz und etwa 100 g Butter oder guter Margarine. Sie wird mit dem noch heißen Pudding vermischt. Wollt ihr mehr Butter in die Krem geben, muß der lauwarme Pudding langsam unter die Butter gerührt werden. Jetzt fehlt noch die Glasur. Da nehmt ihr die gleiche wie bei der Schokoladentorte.

✦

Auch Mürbeteigböden werden mit Obst belegt. Ihr könnt sie — vor allem in der Erdbeerzeit — beim Bäcker kaufen. Doch dieser Teig läßt sich so einfach zubereiten, daß ihr ihn sicherlich gern selber macht.

Mürbeteig

250 g Mehl, 1 Ei, 125 g Margarine, 65 g Zucker, 1 Prise Salz, 1 Päckchen Vanillinzucker oder 3 geriebene bittere Mandeln.

Alle Zutaten sollen recht kalt sein. Das Mehl auf ein Backbrett sieben und das Ei und die Gewürze in eine Mulde geben. Den Zucker und das in Stücke geschnittene Fett auf dem Rand verteilen. Mit dem Messer alles untereinanderhacken, dann den Teig mit kalten Händen gründlich und rasch durchkneten. 1/2—1 Stunde kühl stellen. Den Teig für einen Tortenboden oder für Torteletts nicht zu dünn ausrollen und einen 1—2 cm hohen

Rand andrücken. Vor dem Backen mehrmals mit der Gabel in den Teig stechen und diesen in die vorgeheizte Röhre schieben. Bei 200 °C Mittelhitze in etwa 15 Minuten goldgelb backen.

✧ Mürbeteig hält sich in Pergamentpapier oder Folie gewickelt und kalt aufbewahrt bis zu zwei Wochen, gebackene Tortenböden ebensolange. Kleine Torteletts bleiben in Blechdosen wochenlang frisch.

Mürbeteigplätzchen

Je dünner der Mürbeteig vor dem Ausstechen ausgerollt wird, um so knuspriger und zarter sind die Plätzchen. Backzeit 10—12 Minuten bei 220 °C. Man kann sie vorher mit Streuseln belegen oder danach mit Schokoladenguß, Nüssen oder Mandeln verzieren. Sticht man drei verschieden große Kreise aus und setzt sie mit Marmelade übereinander, so erhält man Terrassenplätzchen. Mit Puderzucker bestreuen.

Leicht herstellen und vielseitig verwenden läßt sich auch

Quarkblätterteig

250 g Mehl, 250 g Magerquark, 200—250 g Margarine, 1 Prise Salz.

Das gesiebte Mehl, den durchgestrichenen Quark, die Margarine rasch zu einem glatten Teig kneten. 30 Minuten kalt stellen. Den Teig 1/2—1 cm dick ausrollen, runde Plätzchen ausstechen, Streifen oder Vierecke schneiden oder mit dem Kuchenrädchen ausrädeln. Etwa 10 Minuten backen. Kalt oder warm servieren. Passen gut zu Tee.

✧ Quarkblätterteig möglichst kalt auf mit kaltem Wasser benetztes Blech setzen und in die vorgeheizte Röhre schieben.

Erdbeertorte

Quarkblätterteig 1/2 cm stark ausrollen. Springformboden darauflegen und nach diesem 2 Platten ausschneiden; mit einer Gabel mehrmals in den Teig stechen. Die Scheiben nacheinander in der Springform backen. Einen Boden mit Obst (frischen Erdbeeren, gedünsteten, entsteinten Kirschen usw.) und reichlich Schlagsahne (1/4 l) belegen.

Den zweiten Blätterteigboden mit Zitronenglasur überziehen und auf die Sahne setzen. Damit sich die Torte besser schneiden läßt, die obere Platte vor dem Glasieren in die gewünschte Anzahl Stücke teilen. Mit Obst verzieren. Zitronenglasur siehe Apfelsinentorte.

Fleischtäschchen aus Quarkblätterteig

Füllung: 125 g Schabefleisch, 125 g Hackepeter, 1 kleines Ei, 3 EL Zwiebeln, Salz, Pfeffer, Paprika, 1 EL Tomatenmark.

Zwiebeln rösten, mit den übrigen Zutaten mischen und abschmecken. Den ausgerollten Quarkblätterteig in Quadrate schneiden, mit Hackfleischmasse belegen und diese zu Dreiecken zusammenklappen. Die Ränder fest andrücken. Das Gebäck mit Eigelb bepinseln und etwa 20 Minuten bei Mittelhitze backen.

Apfel- oder Marmeladentäschchen aus Quarkblätterteig

Den Teig mit Marmelade oder einer Mischung aus geriebenen Äpfeln, Rosinen und gehackten Mandeln, mit Vanillinzucker gesüßt, belegen. Die Ränder fest zusammendrücken und mit Eiweiß bepinseln. Diese Täschchen können auch im vorgeheizten Grill gebacken werden.

✧ Quarkblätterteig läßt sich 14 Tage im Kühlschrank aufbewahren.

✦

Zum Schluß — als Krönung der Kuchenschleckereien — ein Rezept für selbstgemachte

Schlagsahne

125 g frische Butter oder Feinmargarine (Sahna), 20 g Kokosfett, 1/4 l Milch oder 150 g Feinmargarine und 1/4 l Milch.

Butter und Kokosfett in der Milch erhitzen, bis das Fett völlig zerlaufen ist. Nicht kochen. Vom Feuer nehmen, etwas abkühlen lassen, 3 Minuten elektrisch mixen. 18—24 Stunden (kann auch länger sein) mit einem Tuch bedeckt in den Kühlschrank stellen. Dann steif schlagen — am besten mit fesana-Sahne-Stabilisator. Zucker nach Geschmack zugeben.

Diese Schlagkrem ist von der „echten" Schlagsahne nicht zu unterscheiden. Für wenig Geld bekommt ihr einen Riesenberg.

✧ Die Sahne und das Gefäß zum Schlagen müssen kalt sein.

✧ Kein Aluminiumgefäß verwenden, Sahne färbt sich grau.

✧ Nicht zu lange schlagen. Sahne soll mattglänzend und so fest sein, daß eine herausgezogene Spitze stehen bleibt.

✧ Zucker, gemischt mit Vanillinzucker, erst zum Schluß mitschlagen.

✧ Schlagsahne, zur Hälfte mit steifgeschlagenem Eiweiß gestreckt, ist jouleärmer und billiger.

Imbiß zu zweit

Manchmal hat man einen lieben Gast zu Besuch, dem man mit ein paar originell angerichteten Kleinigkeiten eine kleine Freude machen möchte. Fangen wir mit

„kalten Platten"

an. Hier sind 4 zur Auswahl. Auf einen kleinen Teller kommt ein Salatblatt und darauf hübsch angerichtet:

- 1 geviertelte Tomate, ein halbes in Scheiben geschnittenes, hartgekochtes Ei mit 1 TL Sauce Vinaigrette oder Remoulade oder
- 1 kleine Portion Eiersalat, Radieschen, gehackter Schnittlauch oder
- Käsesalat auf Vollkornbrot mit Salzbrezeln oder

✧ 2 dicke Tomatenscheiben, gebratener magerer Speck, 1 Eischeibe

---

Kräcker mit Quarkkrem

2 EL Quark mit Dosenmilch glattrühren, feingehackte Kräuter zugeben, mit Salz und Zitronensaft würzen, dick auf Kräcker auftragen. Mit Radieschen, einem halben Walnußkern, einer Weinbeere oder Apfelsinenscheibe verzieren.

✧ Besonders dekorativ sieht es aus, wenn die Krem mit dem Spritzbeutel aufgetragen wird.

Geflügelsalat mit Obst

200 g gekochtes Geflügelfleisch (eventuell 1/2 gegrillter Goldbroiler), 1 Apfel, 1 Apfelsine oder 1 gedünsteter Pfirsich, 100 g garer Sellerie (aus der Büchse) — Salatsoße: 3 EL Joghurt, 1 EL Mayonnaise, 1 EL Zitronensaft, Salz, je 1 Prise Pfeffer und Zucker.

Das Geflügelfleisch, den geschälten Apfel, die entkernten Apfelsinenscheiben und den Sellerie würfeln. Salatsoße zubereiten und leicht unterheben. Den Salat durchziehen lassen und — so ihr habt — in einem Weinglas anrichten. Werden die Zutaten sehr klein gewürfelt, könnt ihr den Salat auch auf Pfirsichhälften, in ausgehöhlten Äpfeln oder Apfelsinen servieren.

Tomaten, Gurken und Paprikafrüchte, gefüllt

Das Gemüse putzen, waschen, von festen Tomaten, Tomatenpaprikafrüchten einen Deckel abschneiden, das Innere vorsichtig herausholen. — Gurken längs teilen, Kernfleisch ausschaben oder quer in 5—8 cm hohe Sockel schneiden. Aushöhlen, aber nicht durchstechen. — Paprikafrüchte längs teilen, Samenstränge entfernen. Alle Früchte können gefüllt werden mit:

- pikant gewürztem Quark
- Frischrahmkäse, mit Joghurt, gewürfeltem Schinken, geriebenem Meerrettich verrührt, mit Salz und Pfeffer abgeschmeckt
- Fleisch- oder Geflügelsalat, mit Sellerie- und Apfelwürfelchen sowie feingehackten Gewürzgurken vermischt
- hartgekochten, grob zerschnittenen Eiern mit Käsewürfelchen in leichter Joghurt-Mayonnaise
- gekochtem, pikant gewürztem Reis mit Schinkenwürfelchen
- gebratenem, gewürztem Hackfleisch
- Fischkonserven
- gekauften Fleisch-, Fisch- oder Gemüsesalaten.

Hühnerkeule, paniert

2 Hühnerkeulen mit einem halben Suppengrün in wenig Salzwasser garkochen, abtropfen lassen.

Kurz vor dem Essen mit Ei und gewürztem Semmelmehl panieren und in heißer Margarine auf beiden Seiten knusprig braten. Dazu Reis oder Weißbrot und Gurkensalat.

Kaffeekrem

1 Mandelpudding mit reichlich 1/2 l Milch und 2 EL Zucker kochen. Sofort 3 TL feingemahlenen Kaffee und ein Eigelb darin verrühren und das steifgeschlagene Eiweiß unterheben. Mit Biskuit reichen.

Eiskaffee oder Eisschokolade

Kalten Kaffee oder kalten Kakao mit einer Vanilleeiskugel oder 1/2 Portion Eiskrem in ein Glas geben, mit Schlagsahne krönen.

Vitamintrunk

1/2 l Milch mit 1/4 l schwarzem oder rotem Johannisbeersüßmost, 2 EL Zitronensaft, 2 TL Honig und 1 Eigelb verrühren.

Eistörtchen

2 Torteletts mit je 1 EL Marmelade füllen, 1 Eiweiß mit 1 EL Zucker zu festem Schnee schlagen. Vanille-Eis auf die Marmelade legen, mit Eischnee überziehen und im vorgeheizten Grill oder in der Backröhre bei starker Oberhitze 2 bis 3 Minuten überbacken. Der Eischnee soll leicht gebräunt sein. Sofort auftragen.

Sauerkirschtörtchen

1/2 Päckchen schnellbindenden Tortenguß mit gesüßtem Sauerkirschsaft aufkochen und noch lauwarm in die Torteletts gießen. Die gedünsteten Sauerkirschen daraufsetzen und mit steifgeschlagener Sahne dekorieren.

Beerenobsttörtchen

Die Torteletts mit Vanillepudding füllen, frisches oder gedünstetes, gut abgetropftes Beerenobst einlegen, Gelatine oder Tortenguß nach Vorschrift zubereiten und darüber gießen. Mit gerösteten Mandelblättchen garnieren.

✦

Für 2 Personen lassen sich sehr schnell kleine Kuchen aus Mürbe- oder Quarkblätterteig oder fertigem Kuchenmehl backen. Dazu braucht man nicht einmal einen Ofen. Die Grillgeräte „Lava Univerto“ oder der „Kontaktgrill“ schaffen das in 10 Minuten. Die Kuchen dürfen jedoch nicht zu hoch eingefüllt werden. Gegen starke Oberhitze hilft das Abdecken mit Alufolie. Habt ihr keine Törtchenform, so stülpt starke Alufolie über eine Dose, und schon ist sie fertig.

Kleine Geschwister wollen auch feiern

Kinder haben großen Spaß an nett dekorierten Speisen. Die Zutaten können ganz einfach sein. Hauptsache, sie werden originell dargeboten. Bei der Ausgestaltung der Feier ist die Mutter bestimmt über eure Mithilfe erfreut. Vielleicht schafft ihr es sogar in eigener Regie.

Bockwurstspäße

Kalte Bockwürste in 5—6 cm lange Stücke teilen, an beiden Enden kreuzweise einschneiden. Beim Braten spreizen sich die Enden auseinander. Eine längs aufgeschnittene Bockwurst an einem Ende zweimal einschneiden und braten, schon habt ihr eine Bärentatze. Würstchenschaschlik ist schnell gemacht. Bockwürste oder Wiener in gleichgroße Stücke schneiden, mal quer, mal längs auf Spieße stecken und braten.

Wurstschüsselchen

Nicht zu dünne Jagdwurst-, Mortadella- oder Bierschinkenscheiben mit Schale auf einer Seite braten. Dabei wölben sich die Wurstscheiben zu Schälchen. Diese mit Rührei füllen, mit gehacktem Schnittlauch bestreuen oder Gemüse- oder Eiersalat hineingeben.

Tomaten und Gurken, gefüllt

Ausgehöhlte Tomaten mit Rührei, Gurken mit geraspelten, mit Zitronensaft, etwas Zucker und Öl abgeschmeckten Möhren füllen.

Fliegenpilze

Als Sockel ein hartgekochtes, geschältes Ei nehmen, eine halbe, etwas ausgehöhlte Tomate daraufsetzen, mit Mayonnaise betupfen.

An Kuchen könnt ihr eine der Torten oder Obstkuchen aus dem Geburtstagskapitel aussuchen. Die Torten mit Liebesperlen, Schokoladenplätzchen oder -streuseln schmücken. Als Gebäck eignen sich Mürbeteigplätzchen.

Alles auf die Schnelle

Die Schnellküche ist ein Lieblingskind derjenigen, die weder Zeit noch Lust haben, lange in der Küche zu stehen. Sie sind deshalb keine schlechten Köche. Ein schmackhaftes, gesundes Essen hängt nicht davon ab, wie lange es dauert, bis es auf dem Tisch steht. Es muß nur vollwertig sein. Gemüse und Obst dürfen auch dann nicht fehlen, wenn es schnell geht.

Die wichtigste Grundlage der Schnellküche ist das große Sortiment an Brühpasten, Suppen, Soßen, Würzen, an Fleisch, Fisch, Geflügel und Gemüse in Konserven und in den Tiefkühltruhen.

Manche haben Vorbehalte. Gegen die Suppen aus der Tüte zum Beispiel. Sie hätten einen Einheitsgeschmack, meinen sie, und den sei man bald über.

Dem kann abgeholfen werden. Denn Suppen erhalten nicht nur mit gerösteten Semmelwürfeln und Wursträdchen, Gewürzen und reichlich Kräutern neuen Geschmack. Man kann sie durch die verschiedensten Zutaten ergänzen, ja sogar als Grundlage für Eintöpfe verwenden. Fangen wir mit einer ganz simplen

Fleisch- und Würfelbrühe an. (1—2 Personen)

1. In 1/2 l kochende Brühe 2 TL Grieß einstreuen, auf schwachem Feuer ausquellen lassen. 1 Eigelb mit 1—2 EL Kondensmilch verrühren und in die Suppe geben. Mit Salz und Zitronensaft abschmecken und mit reichlich Dill oder Petersilie anrichten.
2. Mit in Milch verquirltem Tomatenmark, einer Prise Zucker abschmecken. Einige Löffel gekochten Reis oder/und feine Erbsen aus der Büchse und Schinkenwürfel zugeben.

Kochfertige Suppen mit Einlagen (2 Personen)

1. Aus frischer Bratwurst bei Kochbeginn in eine Fadennudelsuppe Klößchen drücken.
2. 1—2 geputzte Suppengrün in etwas Fett dünsten und in eine Reissuppe schütten. Einlage: Semmel-Kräuter-Klößchen (25 g Margarine und 50 g Semmelbrösel mit gehackter Petersilie verkneten und 10 Minuten garziehen lassen).
3. Kohlrabi grob raspeln, in Margarine andünsten und mit einer Perlgräupchensuppe gar kochen. Kleingehackte zarte Kohlrabiblättchen am Schluß darüber streuen.
4. 2 hartgekochte Eier hacken und mit gewiegten Kräutern beim Anrichten über die Suppe geben.

Selleriesuppe (expreß) (2 Personen)

Eine geschälte halbe Sellerieknolle grob raspeln, mit einer Rindfleischsuppe aus der Tüte ansetzen. Mit Eigelb legieren, feingehackte Sellerieblätter und geröstete Semmelwürfel beim Anrichten darüber streuen.

Fischsuppe (2 Personen)

Kochfertige Rindfleischsuppe nach Vorschrift kochen. 250 g Gemüse (Konserven, Feinfrost) und 250 g in Stücke geschnittenes Fischfilet beifügen und auf kleiner

Flamme sieden. Auf geröstete Toastscheiben gießen und mit feingehackter Petersilie bestreuen. Zu einer Fischsuppe könnt ihr auch gebundene Suppen nehmen.

Suppen, gebunden

1. 1 geputzten Blumenkohl in Röschen teilen, in 1 l Wasser (ohne Salz) gar kochen. Die *Blumenkohlsuppe* aus der Tüte mit dem Kochwasser ansetzen. Am Schluß Blumenkohlröschen einlegen. Mit gehackter Petersilie anrichten.
2. 1 Handvoll kleingeschnittene Pilze und 1 feingehackte Zwiebel in 1 EL Margarine gar dünsten, in die nach Vorschrift zubereitete *Pilzsuppe* geben. Kurz durchkochen lassen und abschmecken. Eventuell etwas Kondensmilch unterrühren. Mit gehackter Petersilie bestreuen.
3. Einige Löffel grüne Erbsen aus dem Glas mit etwas Einlegeflüssigkeit pürieren, Würfelbrühe zugießen. 1 Eigelb mit etwas Kondensmilch anrühren und die Suppe legieren. Als Einlage Grießklößchen.
4. Erbssuppe nach Anweisung bereiten. Zwiebel fein, Wurst grob würfeln und anbraten. Klein geschnittenes Sauerkraut zufügen, kurz schmoren lassen und in die kochende Suppe geben.
5. Eine Kalbfleischsuppe mit Eigelb legieren, mit Majoran würzen und mit Eivierteln, garem Geflügelfleisch oder gekochten Fleischklößchen aufwerten.

Suppen in Dosen

Darin hat sich das Angebot in den letzten Jahren erheblich vergrößert. Sie schmecken ausgezeichnet. Durch Einlagen von Reis oder Nudeln (Tomatensuppe) oder Reis (Ochsenschwanzsuppe) bekommt ihr ein kräftiges Mittagessen.

Eintöpfe

aus Linsen, Erbsen, weißen Bohnen, Reis und Teigwaren sind bereits sättigende Gerichte für 2 Personen. Gibt man noch Bockwurst oder gebratene Jagdwurstwürfel dazu und Obst oder Gemüserohkost, so hat man eine vollwertige Mahlzeit. Einige Kartoffelstückchen extra gekocht und mit dem Kochwasser hinzugefügt, machen Hülsenfruchtsuppen leichter verdaulich.

Kloßmehl

ist ganz besonders vielseitig zu verwenden. Nach der Gebrauchsanweisung sind die Klöße sehr leicht herzustellen. In halb Milch, halb Wasser angerührt, eventuell noch mit 1 Ei, sind sie schmackhafter. Ein wenig mehr Flüssigkeit macht sie lockerer. Gewürzt werden sie mit Muskat, gefüllt mit gerösteten Semmelwürfeln oder mit gerösteten Speck- oder Blutwurstwürfeln. Wer grüne Klöße liebt, gibt gehackte Kräuter oder feingewiegten Spinat in den Teig und richtet die Klöße mit ausgelassenen Speckwürfeln und Rührei an. Rührt man das Kloßmehl mit gesüßter Milch an und schiebt in den Teig entsteinte Pflaumen (statt des Steines 1 Stück Würfelzucker), erhält man Pflaumenknödel.

Kloßmehlmasse mit 1 Ei, geriebenem Käse und 1 Prise Muskat kann man mit Gemüse- oder Fleischresten auch zu einem Auflauf nehmen. Übriggebliebene Klöße schmecken gebraten und mit Zimtzucker bestreut. Wer sie nicht süß mag, gibt etwas Blut- oder Leberwurst zwischen die Kloßscheiben und/oder schlägt noch Eier darüber.

Muß es besonders schnell gehen, so stecht mit einem nassen Kaffeelöffel kleine Klöße aus dem Teig, gebt sie in kochendes Wasser und laßt sie 10 Minuten ziehen. Sie schmecken mit Bratensoße überzogen und mit Reibkäse bestreut. Dazu Bratwurst und grüner Salat.

Daß man aus Kloßmehlteig (etwas verdünnt und mit Mehl und Eiern) Kartoffelpuffer und mit trockenem Quark vermischt Quarkkeulchen braten kann, steht auf der Anleitung.

Auch eine Kartoffelsuppe läßt sich aus Kloßmehl machen. Was wollt ihr mehr!

Gemüse

Feinfrostgemüse und Gemüsekonserven helfen uns besonders in der gemüsearmen Zeit.

Dabei wollen wir nicht vergessen, daß Feinfrost die vitaminschonendste Konservierungsmethode ist. Vitamin- und Mineralstoffgehalt bleiben dabei fast voll erhalten.

Auch Gemüse in Büchsen und Gläsern wird schonend konserviert.

Letscho mit Reis und Wurst (2 Personen)

1 EL Speckwürfel in 1 EL Öl erhitzen, zwei gehackte Zwiebeln glasig dünsten, 250 g in Scheiben geschnittene Bockwurst oder Knacker mit anbraten und 1/2 Glas Letscho zugeben. Aufwärmen und mit körnig gekochtem Reis anrichten.

Letscho mit Ei

Je nach Personenzahl Letscho in der Pfanne erhitzen und Eier darüber schlagen.

Fleischkonserven

werden schmackhafter, wenn man sie nicht einfach warm macht, sondern zuerst eine gehackte Zwiebel in Margarine anröstet und dann das Fleisch dazugibt.

Fischkonserven

sollten nicht nur zu Brötchen oder Brot gegessen werden. Mit Kartoffeln, Reis oder Teigwaren und Gemüse wird aus einer Büchse Heringsfilet rasch ein wohlschmeckender gemischter Salat. Herings- oder Makrelenfilets in Tomaten-, Paprika- oder Currytunke können gleich im Wasserbad in der Büchse aufgewärmt und mit Reis, Risi-Bisi (Butterreis mit grünen Erbsen), Kartoffelbrei oder Teigwaren serviert werden. Eine weitere appetitliche Variante ist, Eierkuchenteig mit dem Inhalt einer Fischdose zu mischen.

Zum Schluß noch *drei Menü-Vorschläge* für 2 Personen:

1. *Brühe mit Ei — Gulasch mit grünen Bohnen und Klößen — bunte Eiweißspeise*

Heiße Würfelbrühe in eine Tasse gießen, mit einem Hauch Muskat würzen, 1 rohes Eigelb hineingleiten lassen und mit reichlich Petersilie bestreuen. — Gulasch aus dem Glas, mit gehackten, in Fett gedünsteten

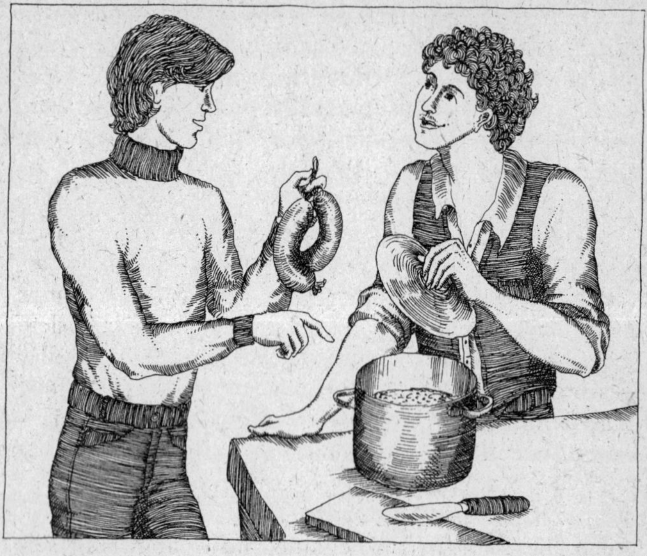

Zwiebeln, Edelsüßpaprika aufwärmen, mit in Kaffeesahne verrührtem Stärkemehl binden. Bohnen aus dem Glas aufkochen, mit Salz und Bohnenkraut würzen, in Butter schwenken oder mit dem Gulasch zusammen aufwärmen. Dazu Klöße aus der Tüte. — Für die Eiweißspeise 1 Eiweiß mit 1 Päckchen fesana-Sahne-Stabilisator schlagen, 1/2 Tasse frische Beeren oder Obstsaft zugeben und weiterschlagen, bis die Masse dickt.

2. *Klare Ochsenschwanzsuppe — Eier in Currysoße mit Reis — Zitronenquark*

Für den Zitronenquark Vanillesoße aus einem halben Päckchen Soßenpulver mit 1/4 l Milch und 30 g Zucker kochen, 150 g Quark daruntermischen und mit Zitronensaft abschmecken. — 1 Tasse Reis oder Kuko-Reis in reichlich Wasser kochen. Inzwischen Currysoße zubereiten. Ochsenschwanzsuppe aus der Büchse aufsetzen.

Ist der Reis gar, Wasser abgießen, Reis etwas abdampfen lassen, dann zugedeckt warm halten. 4 Eier 6 Minuten kochen, abschrecken. Suppe servieren. Reis in Tassen drücken und auf die möglichst vorgewärmten Teller stülpen. Die geschälten, halbierten Eier dazulegen und Currysoße darüber gießen.

3. Zitronensuppe — Würstchengulasch mit Sauerkraut — Kartoffelbrei aus der Tüte — Obst

Zuerst Sauerkraut aus dem Glas mit Gewürzen aufsetzen, dann Würstchengulasch zubereiten. Eine kleingehackte Zwiebel in Fett anbraten, die in dicke Scheiben geschnittenen Bockwürste einlegen. Mit Salz und Pfeffer würzen. Für die Zitronensuppe könnt ihr auch Würfelbrühe verwenden. Kartoffelbrei laut Anweisung fertigstellen. Zum Nachtisch gibt es frisches Obst.

Auch die schnelle Küche muß nicht langweilig sein, man kann sich immer wieder etwas Neues ausdenken. In diesem Kapitel ging es zwar hauptsächlich um Lebensmittel aus Tüten, Dosen und Gläsern oder aus der Tiefkühltruhe. Aber auch ohne diese Hilfen läßt sich eine Mahlzeit rasch auf den Tisch bringen, wenn man sich auf bereits gare Zutaten stützt, beispielsweise auf gekochtes oder geschmortes Fleisch.

Aus alt mach neu

Mit Speiseresten kann man verschieden verfahren. Man kann sie wegwerfen, noch in sich hineinstopfen oder für ein neues Gericht verwenden. Die beiden ersten Möglichkeiten sind nicht zu empfehlen. Wegwerfen ist nicht wirtschaftlich — wir haben ja Geld dafür ausgegeben. Und die zusätzlichen Happen verwandeln sich vielleicht gerade in die so unbeliebten Fettpölsterchen.

Jeder Speiserest ist die Grundlage für ein neues Gericht, das dem ersten an Qualität nicht nachzustehen braucht.

Bei manchen Nahrungsmitteln können wir sogar von vornherein Reste mit einkalkulieren, wenn wir sparsam wirtschaften wollen. Um 500 g Teigwaren oder Reis zu kochen, brauchen wir nämlich genausoviel Energie wie für 250 g. Bei Fleisch ist es nicht viel anders. Was allerdings das Gemüse angeht, sollten wir nicht so reichlich vorsorgen. Beim Aufwärmen gehen wertvolle Stoffe verloren.

Was kann man alles aus Resten machen? Beginnen wir mit

Reis

Reis, gebraten (1 Person): 1 EL Öl erhitzen, 1 1/2 Tassen gekochten Reis und 1/2 Tasse in Streifen geschnittenes gares Fleisch darin erwärmen, 1/2 EL Suppenwürze zugeben und 1 verquirltes Ei darüber stocken lassen. Mit Schnittlauch bestreuen. Dazu grüner Salat.

Reissalat, indisch: (2 Personen) 3 Tassen gekochten Reis, 1 Tasse gewürfelten Kochschinken, 2 in Scheiben geschnittene Bananen, 1 Tasse zarte grüne Konservenerbsen mit einer Marinade aus 1 EL Mayonnaise, 1/2 Flasche Joghurt, 2 TL Curry verrühren, mit Salz, Pfeffer und Zucker abschmecken. Gut durchziehen lassen.

Weitere Verwendung: Suppeneinlage, Aufläufe, mit Hackfleisch zu Füllungen verarbeitet, mit Gemüse und Ei zu Keulchen formen und braten.

Teigwaren

Nudelpfanne (2 Personen): 150 g gare Nudeln in 1 EL Öl leicht rösten, 1—2 EL Konservenerbsen und 1/2 Büchse Fisch in heller Soße zugeben und aufwärmen, kräftig gewürzten Eierkuchenteig darübergießen. (Fisch läßt sich gegen Fleisch- oder Wurstreste austauschen.)

Weitere Verwendung: Teigwarensalate, Aufläufe, Suppeneinlagen, kleingeschnitten als Streckmittel für Buletten.

Brot

Belegte oder nur mit Butter bestrichene Brotscheiben in der Pfanne aufbacken, nach Belieben verquirltes Ei darüber gießen.

Weitere Verwendung: Brotsuppe, geröstete Brotwürfel, Aufläufe.

Brötchen

Eier-Semmel-Pfanne (1 Person): 2 alte Brötchen würfeln, in 1 EL heißem Fett in der Pfanne goldbraun braten,

2 Eier mit 2 EL Wasser, Salz, Pfeffer verquirlen, darübergießen und stocken lassen. Mit 1 TL geriebenem Käse und Schnittlauch bestreuen.

Weitere Verwendung: Arme Ritter, Klöße, süße und salzige Aufläufe, Semmelmehl.

Kartoffeln

Kräuterkartoffeln (2 Personen):

40 g Margarine, 1 geh. EL Mehl, 1/8 l Milch, 1/8 l Wasser, Salz, Muskat, Suppenwürze, Zitronensaft, 600 g Kartoffeln, reichlich frische gehackte Kräuter (Dill, Petersilie oder Majoranblättchen). Aus Margarine, Mehl, Milch und Wasser Béchamelsoße bereiten, kräftig mit den Gewürzen abschmecken. Nicht zu weich gegarte, geschälte, in Scheiben geschnittene Pellkartoffeln einlegen, in der Soße durchziehen lassen und die feingehackten Kräuter behutsam unterheben. So zubereitete Kartoffeln schmecken gut zu gedünstetem oder gegrilltem Fisch, gekochtem Fleisch, zu Buletten, Würsten und Eiern. Ist kein frischer Majoran vorhanden, dann nehmt 1/2 EL getrockneten. Der Zitronensaft fällt bei Majorankartoffeln weg. Achtet darauf, daß die Kartoffeln nicht zerkocht oder zu mehlig sind.

Weitere Verwendung: Bratkartoffeln (mit Gemüse gemischt und mit Ei überbacken), Quarkkäulchen süß oder salzig, Aufläufe, Kartoffelbrei, Klöße, Kartoffelsuppe, Kartoffelplätzchen (geriebene Kartoffeln mit Mehl, Gewürzen und Ei mischen, formen und braten).

Gemüse

Salate, Aufläufe, passierte Gemüsesuppen mit Würfelbrühe, Füllung für Eierkuchen. Aufgewärmtes Gemüse durch Frischanteil oder mit reichlich Kräutern aufwerten.

Fleisch

Rindfleischscheiben: Zartes gekochtes Rindfleisch in Scheiben schneiden, mit Salz und frisch gemahlenem Pfeffer bestreuen und mit Senf oder Meerrettich servieren. Dazu Brot, heiße Bouillon und grünen Salat.

Weitere Verwendung: Suppeneinlage, Salate, Aufläufe, Brotbelag; mit kalten Soßen anrichten oder in warme Tomaten-, Curry- oder andere Soßen einlegen.

Geflügel

Entbeint und in Stücke geschnitten für Geflügelsalat, Geflügelrührei, als Einlage in Curry- oder andere Soßen, Aufläufe.

Wurst

Salate, Wurstgulasch, gebratene Scheiben für Suppen und Eintöpfe, Aufläufe. Streichwurst läßt sich unter Hackfleisch mischen.

Fisch

Gebratene, gekochte, gedünstete Reste zerpflücken, entgräten und in eine neu zubereitete Soße einlegen oder mit einer pikanten kalten Soße zu Butterbrot oder Toast reichen. Vorbereitetes Fischfleisch fein hacken oder durch den Wolf drehen, mit feingeschnittenen Zwiebeln, eingeweichten und ausgedrückten Brötchen, Ei und Gewürzen zu Klößchen formen, kochen oder braten. Weitere Verwendung für Fischsuppen, Aufläufe, Salate.

Milch

die sauer zu werden droht, läßt sich noch für Pudding oder Grießspeisen gebrauchen. Das angerührte Puddingpulver oder den Grieß mit dem Zucker in die lauwarme

Milch geben und bis zum Aufkochen kräftig mit dem Schneebesen schlagen.

✦

Eine einfache und beliebte Art, jegliche Reste zu verwerten, ist, sie in Aufläufe zu verwandeln. Dazu braucht ihr eine feuerfeste Form, möglichst aus Jenaer Glas, Steingut oder Porzellan, die ihr aus der Röhre gleich auf den Tisch stellen könnt. Notfalls genügt auch eine Kasserolle. Die Form wird vor dem Einfüllen der Masse mit Margarine gefettet und — nach Belieben — mit Semmelbröseln ausgestreut.

Für 2 Personen rechnet man für *salzige Aufläufe:*

250 g Kartoffeln (auch Kartoffelbrei) oder 125 g Teigwaren, 250 g Gemüse, 125 g Fleisch oder Wurst (Reste), 1—2 Tassen Brühe oder Milch, Salz, Gewürze, 1 Ei,

für *süße Aufläufe:*

250 g Obst oder Quark, 2—3 Brötchen, 1/4 l Milch, 1 Ei, Zucker, Vanillinzucker und Gewürze.

Was in die Aufläufe kommt, ist — bis auf wenige Ausnahmen — vorher gar gemacht. Deshalb eignen sie sich auch so gut für Reste. Die Zutaten werden entweder schichtweise eingelegt oder, mit einer gewürzten Béchamel- oder Käsesoße vermischt, in die Form gefüllt. Die Vorbereitungen für den Auflauf können schon am Vortag geschehen, so daß er vor dem Backen nur noch mit Flüssigkeit (meist Eiermilch) begossen und mit Bröseln und Butterflöckchen belegt zu werden braucht. Danach wird die Form für 20—40 Minuten in die vorgeheizte Röhre geschoben. Aufläufe mit gegarten Zutaten kommen auf die obere Schiene, aus rohen auf die untere. Die obere Kruste und der Rand sollen schön knusprig werden.

Das kann man besonders gut in einer Jenaer Form beobachten.

Zu den Aufläufen reicht man — je nach dem Inhalt — grünen Salat, Obst, eine Quarkspeise oder 1 Glas Tomatensaft.

Makkaroniauflauf mit Wurstresten (2 Personen)

150 g gekochte Makkaroni klein schneiden, 100 g gewürfelte Wurstreste und 1—2 EL geriebenen Käse daruntermischen, in die gefettete Form füllen, 1/2 Tasse Milch mit 1 kleinen Ei verquirlen, salzen und darüber gießen.

Semmelbrösel und Fettflöckchen obenauf setzen, in die vorgeheizte Röhre schieben und 20—30 Minuten bei Mittelhitze überbacken. Anstelle von Wurst zerpflückte, entgrätete Fischreste mit Reibkäse unter die Makkaroni mischen und mit schnittfesten Tomatenscheiben in die Form füllen.

Krautauflauf mit Wurst

Sauerkraut und Kartoffelbrei (auch aus der Tüte) mit gebratenen Resten von Schinken- oder Knoblauchwurst schichtweise einfüllen, mit Kartoffelbrei abschließen. Semmelbrösel, geriebenen Käse und Fettflöckchen obenauf setzen. Auf die Sauerkrautschichten können noch dünne Apfelscheiben gelegt werden.

Apfelauflauf (2 Personen)

2 Brötchen in Scheiben schneiden, kurz in Eiermilch (1/4 l Milch, 1 Vanillinzucker, 1 Ei) durchziehen lassen. Altbackene Brötchen länger weichen, bei Bedarf noch etwas Milch zugeben, 5—8 mürbe Äpfel sehr fein schneiden (harte Äpfel kurz dünsten) und mit den Weißbrotscheiben abwechselnd einschichten. Jede Apfelschicht mit Zimtzucker bestreuen. Mit Weißbrot abschließen. Die restliche Eiermilch darüber gießen. Semmelbrösel und Fettflöckchen auf der Oberfläche verteilen. Statt der Brötchen kann ein Päckchen Zwieback genommen werden. Verfeinert wird der Auflauf durch Rosinen und gehackte Mandeln. Warm oder kalt mit Vanillesoße reichen.

Brotauflauf

Bestrichene, belegte Brotscheiben, die übriggeblieben sind, in eine gefettete Form schichten, 1/4 bis 1/2 l Milch mit 1—2 Eiern verquirlen und über die Brote gießen. In der Röhre goldbraun überbacken.

Reste sind keine Dauerware

Aber Reste wollen auch richtig behandelt sein. Häufig werden sie zu lange aufgehoben und erst dann gegessen, wenn das erste Stadium des Verderbs schon eingetreten ist. Speisereste müssen rasch abgekühlt und nicht zu fest zugedeckt werden, sonst säuern sie leicht. Auch im

Kühlschrank kann man sie nur begrenzte Zeit aufheben.

Haltbarkeit einiger Lebensmittel:

Frischer Fisch, rohes Fleisch 1 Tag (Hackfleisch 1/2 Tag), zubereitete Speisen (dazu zählen auch Salate), gebratenes Hackfleisch, geöffnete Fischkonserven (umgefüllt) 1—2 Tage, Milch, Räucherfisch, Wurst, Süßspeisen 2 Tage, Quark, Kompott 2—4 Tage, Braten, Kondensmilch (umgefüllt) 3—5 Tage, Butter, Margarine 7—18 Tage, Eier 14—21 Tage. Kräftig gesäuerte Speisen wie saure Gurken sind längere Zeit haltbar als ungesäuerte.

Sind an den Lebensmitteln gar schon Schimmelstellen zu sehen, bedarf es großer Vorsicht. Schimmelpilze können sehr gesundheitsschädlich sein. Es sind deshalb Richtlinien ausgearbeitet worden, wie man sich hier im Einzelfall verhalten soll.

Bei Brot und Backwaren, Nüssen und Mandeln sowie Erzeugnissen daraus (Marzipan) und Fruchtsäften alles wegwerfen — selbst wenn nur ein Teil vom Schimmel befallen ist.

Bei Wurst und Fleischwaren, Obst, Gemüse, Kartoffeln, Käse Befallstellen großzügig ausschneiden. Bei Schnittkäse auch die beiden anschließenden Scheiben entfernen. (Nicht betroffen davon sind natürlich Käsesorten mit Kulturschimmelrassen wie Roquefort oder Camembert.) Bei Quark, Joghurt und Marmelade Schimmel mit der näheren Umgebung (etwa 1 cm) abheben.

Die Würze macht's

Ohne aromatische Zutaten geht es nicht. Gekochtes Fleisch und Gemüse schmeckt fad, wenn man nicht wenigstens eine Prise Salz hinzufügt. Jedes Gericht muß abgeschmeckt sein, bevor es auf den Tisch kommt. Dazu kann man Pfeffer und Paprika nehmen, auch Curry, Zimt oder Basilikum, Rosmarin und andere duftende Kräuter.

Wie man sich dieser Gewürze bedient, dafür gibt es keine fertigen Rezepte. Das muß ein jeder selbst ausprobieren, mit Zunge und Fingerspitzengefühl. Manchmal genügt schon ein Hauch, eine kleine Prise, und ein andermal darf man tiefer in die Gewürzdose greifen. Das hängt auch von der Speise ab. Merken wir uns eine Regel: Gewürz soll nie den Eigengeschmack der Speise überdecken. Und merken wir uns noch eine zweite Regel: Die Vorliebe für ein bestimmtes Gewürz darf nicht dazu führen, daß es jeden Tag benutzt wird. Sonst herrscht in der Küche ein Einheitsgeschmack vor, und das sollte man vermeiden.

Die Auswahl an Gewürzen ist so groß, daß man sich

nicht auf einige wenige festlegen muß. Wenn ihr etwas Erfahrung über Geschmack und Stärke der Gewürze und Kräuter gesammelt habt, dann probiert ruhig auch mal gewagtere Zusammenstellungen aus. Es gibt ganz überraschende Gewürzkompositionen. So kann man Fisch vor dem Braten mit je einer Prise Curry, Zimt und Nelkenpulver oder mit Knoblauch und Anis einreiben. Jedes Land, jede Gegend hat bevorzugte Gewürze. Die Schweden lieben Dill und süßsaure Speisen. Die Mittelmeerländer gebrauchen viel Basilikum, Rosmarin und Fenchel, Oregano und Salbei, und bei uns werden deftige Gerichte mit Beifuß, Bohnenkraut, Liebstöckel, Majoran und Thymian gewürzt. Bevor man Gewürze zufügt, empfiehlt es sich, das Gericht erst mit Salz abzuschmekken.

Beim Würzen geht es nicht nur um den Wohlgeschmack. Was man früher bereits über die gesundheitsfördernde Wirkung der Gewürze und Kräuter erfahren hatte, bestätigt heute die moderne Wissenschaft. Die duftenden Zutaten sind bekömmlich und gesund, machen Appetit und helfen verdauen. Aus diesem Grunde nehmen wir Meerrettich und Senf zu fettem Fleisch und fetter Wurst und tun Kümmel an blähende Speisen. Auch frische Kräuter sind nicht nur eine geschmackliche Abrundung der Speisen, sie werten diese durch teilweise sehr hohen Vitamingehalt auf.

Von kräftig schmeckenden Kräutern wie Basilikum, Liebstöckel und Bohnenkraut nimmt man nur wenige Blättchen. Ganz sparsam muß man mit Salbei umgehen. Die anderen Kräuter — außer den Kressearten — sind milder im Geschmack und lassen sich gut zusammen verwenden. Petersilie, Dill und Schnittlauch sind bis in den Herbst hinein zu haben. Im Winter lassen sie sich in Töpfen ziehen. Ist Bohnenzeit, gibt es Bohnenkraut, und sind die Gurken reif, werden zum Einlegen Basilikum und Estragon verkauft. Majoran und Thymian sieht man ab und zu in kleinen Bündelchen in Gemüsegeschäften.

Gewürze sind fest verschlossen, trocken, dunkel und kühl aufzubewahren. So hält sich Kümmel 2, Anis, Koriander und Nelken 3, Muskat, Pfefferkörner, Ingwer 5 Jahre. Paprika behält nur kurze Zeit sein Aroma: Edelsüß- und Delikateßpaprika 6, Rosenpaprika 9 Monate. Getrocknete Kräuter sollte man nur bis zur nächsten Ernte aufheben. Es ist daher ratsam, überall das Anschaffungsdatum zu vermerken.

Kleiner Gewürzkompaß

Salzige Salate: Basilikum, Bohnenkraut, Kresse, Dill, Estragon, Essig, Glutal, Knoblauch, Kräutersalz, Paprika, Petersilie, Pfeffer, Pfefferminze, Rosmarin, Salatmarinadengewürz, Schnittlauch, Senf, Thymian, Zitrone, Zwiebel.

Salzige Soßen: Bratensoßengewürz, Brühpaste, Curry, Dill, Estragon, Gewürzsalz, Glutal, Kapern, Käse, Ketchup, Knoblauch, Kümmel, Majoran, Meerrettich, Muskat, Paprika, Paprikamark, Pepper-Sauce, Petersilie, Pfeffer, Pilze, Schnittlauch, Sellerie, Senf, Suppengrün, Tomatenmark, Wein, Worcester-Sauce, Zitrone, Zwiebel.

Suppen und Brühen: Kerbel, Kümmel, Liebstöckel, Lorbeer, Muskat, Petersilie, Piment, Pfeffer, Sellerieblätter, Suppengrün, Tomatenmark, Zitrone, Zwiebel.

Gemüse: Basilikum, Bohnenkraut, Dill, Essig, Estragon, Glutal, Koriander, Kümmel, Liebstöckel, Lorbeer, Majoran, Muskat, Nelken, Paprika, Petersilie, Pfeffer, Sellerieblätter, Selleriesalz, Tomatenmark, Wacholderbeeren, Zitrone, Zwiebel.

Hülsenfrüchte: Backpflaumen (Linsen), Curry, Majoran, Paprika, Petersilie, Pritamin, Senf, Tomatenmark, Thymian, Zwiebel.

Fisch: Curry, Dill, Glutal, Kapern, Knoblauch, Meerrettich, Paprika, Petersilie, Pfeffer, Piment, Salbei, Suppengrün, Sellerieblätter, Wein, Zitrone, Zwiebel.
Fleisch: Basilikum, Beifuß (für fettes Fleisch und Geflügel), Glutal, Käse, Knoblauch, Kümmel, Lorbeer, Majoran, Meerrettich, Paprika, Petersilie, Pfeffer, Pilze, Piment, Pritamin, Rosmarin, Salbei, Suppengrün, Tomatenmark, Thymian, Wacholderbeeren, Wein, Worcester-Sauce, Zitrone, Zwiebel.
Süßspeisen: Anis, Fenchel, Ingwer, Koriander, Muskat, Nelken, Vanille, Zimt, Zitrone, Zucker.

In unserem Gewürzkompaß haben wir euch nicht nur Gewürze und Kräuter vorgeschlagen, sondern auch flüssige Würzsoßen und andere Zutaten wie Käse und Wein.

Für die verschiedensten Speisen und Geschmäcker stellt das Excellent-Werk *Cumberland-*, *Worcester-*, *Worcestershire-*, *Pepper-Sauce* und *Sauce Béarnaise Reduction* sowie *Grillsaucen* auf Tomatenmarkbasis her.

Auch kleine Fläschchen mit Flüssiggewürzen, unter anderem mit *Madeira-*, *Champignon-* und *Zitronengeschmack*, sind im Angebot. Eine große Auswahl an *Streugewürzen* hilft ebenfalls, Speisen geschmacklich zu verbessern.

Dazu gehört auch *Glutal*, ein Würzstoff aus dem Weizenkorn. Man nimmt ihn zu Fleisch, Fisch, Gemüse und Rohkost.

Auch an *Suppenwürze, Brühpasten und -würfeln, gekörnten Brühen* herrscht kein Mangel. Ganz besonders ans Herz oder besser gesagt auf die Zunge legen möchten wir euch *Pritamin*, das Paprikamark in den kleinen Dosen. Man kann allerlei damit würzen, aber noch besser paßt es mit seinem hohen Vitamin-C-Gehalt aufs Butterbrot.

Noch ein wenig Praxis

Currypulver muß 3—4 Minuten in Fett angeröstet werden. Gekauftes Currypulver läßt sich durch Kümmel, Thymian, Majoran, gemahlenen Koriander und Knoblauch verändern.

Ingwer wie Salz und Pfeffer im Streugefäß auf den Tisch stellen.

Kerbel wird gern anstelle von Petersilie verwendet. Es macht Käse- und Eiersalate besonders delikat. Beliebt ist Kerbelsuppe.

Knoblauch darf beim Anbraten höchstens goldgelb werden. Wenn er nicht vorschmecken soll, genügt es, Pfanne oder Topf mit einer halben Zehe auszureiben oder eine mit Knoblauch bestrichene Brotrinde mitzukochen. Fleisch kann man vor dem Braten und Grillen mit Knoblauch einreiben.

Liebstöckel würzt nicht nur Brühen, sondern auch Ge-

müse- und Rindfleischsalate.
Muskat immer sparsam benutzen. Ein Hauch davon paßt an viele Gemüsegerichte, an Klöße und Brühsuppen.
Petersilie bleibt in einem Schraubglas im Kühlschrank etwa 8 Tage frisch.
Pfefferminze schmeckt gut in grünen, Geflügel- und Obstsalaten.
Salz: 1 Prise davon an süße Speisen geben.
Senf kann mit gehackten Kapern, Dill, Schnittlauch, Curry oder Paprika geschmacklich ergänzt werden. Eingetrockneten Senf mit einigen Tropfen Essig oder Öl verrühren.
Vanilleschote längs aufschneiden, in ein Schraubglas mit Zucker legen. Das gibt Vanillezucker. Zucker kann jederzeit nachgefüllt werden.
Wacholderbeeren: Diese vitaminreichen getrockneten Beeren würzen Wild- und Fischgerichte, Sauerkohl und Marinaden für Fleisch und Fisch.
Zitronenschale: Damit Zitronen auf ihrem weltweiten Transport nicht faulen, werden sie mit dem Konservierungsmittel Diphenyl gespritzt. Eine Entfernung ist durch längeres Belüften (auch heiß mit Fön) und scharfes Bürsten und Reiben unter heißem Wasser nur zum Teil möglich. Es wird deshalb abgeraten, Zitronenschale zum Würzen zu benutzen.
Zucker: 1 Prise davon an salzige Speisen geben.

Schlank und rank

Es gibt wohl kaum einen Menschen, der nicht schlank sein möchte. Dennoch sieht man unter Jugendlichen bereits mehr oder weniger Schwergewichtige. Wie das kommt, ist leicht zu erklären. Alles, was wir unserem Körper zuviel an Kalorien bzw. Joulewerten einverleiben, wird nicht ausgeschieden, sondern in Fettpolstern unter der Haut angelegt.

Man hat errechnet, daß Mädchen im Alter von 12 bis 18 Jahren im Durchschnitt täglich 10,5 MJ (Megajoule), das sind 2 500 kcal, benötigen, Jungen dagegen, die ein größeres Muskelgewebe zu versorgen haben, von 12 bis 15 Jahren 11,7 MJ (2 800 kcal), von 15 bis 18 Jahren 13 MJ (3 100 kcal) (nach Prof. Dr. Ketz vom Zentralinstitut für Ernährung). Die genauen Mengen sind von Körpergröße, augenblicklichen Wachstumsperioden und der Lebensweise überhaupt abhängig. So treibt der eine viel Sport, der andere sitzt über Büchern. Der eine ist groß, der andere klein. Der eine ist ein guter „Futterverwerter", bei dem anderen läuft dagegen der Verbrennungsmotor auf Hochtouren.

Die einfachste Berechnung des Körpergewichts sieht so aus: der Mensch soll so viel Kilogramm wiegen, wie seine Größe über 100 cm beträgt, ein 160 cm großes Mädchen also 60 kg. Das ist das Normalgewicht. Zieht ihr davon noch 5—10 Prozent ab, so erhaltet ihr das sogenannte Idealgewicht. Es beträgt also bei 10 Prozent Abzug 54 kg. Darüber hinaus gibt es noch Tabellen, die den Körpertyp berücksichtigen.

Wer zu Übergewicht neigt, sollte Gewicht und Größe laufend kontrollieren und anhand der Kalorien- bzw. Joulewerte feststellen, welche Ernährungssünden er begeht. Welche könnten es sein? Die Vorliebe für Kuchen, saftige Bratkartoffeln, dick mit Butter bestrichene Brötchen, fette Wurst, Mayonnaise, panierte Schnitzel, reichlich Marmelade, Schlagsahne oder Schokolade? Werden die in der Wurst oder in den Backwaren versteckten Fette einfach ignoriert? Werden zu große Mengen an Brot und Kartoffeln gegessen? Mancher nimmt sich tagsüber keine Zeit zum Essen und futtert sich abends dick und rund. Die Aufteilung der Energiemenge auf 5 kleinere Mahlzeiten soll ja auch bezwecken, daß es erst gar nicht zum Ansatz von Fettpölsterchen kommt.

Lieb gewordene Eßgewohnheiten aufzugeben, das verlangt viel Disziplin. Das Schlankwerden beginnt bereits beim Einkauf. Statt kräftig die Menge zu reduzieren, sollte man erst einmal auf weniger fetthaltige Sorten umsteigen. Gibt es doch außer den joulearmen auch joulereduzierte Lebensmittel, die mit einem ON (Optimierte Nahrung) und grünem Punkt gekennzeichnet sind. Die stark kohlehydratreichen Nahrungsmittel, vor allem Weißbrot, Brötchen, Kekse, Teigwaren, sind einzuschränken. Bei vielen Waren stehen die Joulewerte auf den Packungen. Das gilt auch für Schokolade. Mancher geniert sich vielleicht, kleine Wurstmengen zu kaufen. Man kann durchaus auch 50 g verlangen.

Zu Hause darf man natürlich nicht alle guten Vorsätze zunichte machen und die gekauften mageren Sorten mit reichlich Fett zubereiten, weil man es so kennt. Ein „Stich Margarine", nach dem Kochen ans Gemüse gegeben, erzielt meist geschmacklich die gleiche Wirkung, als habe man von Anfang an viel Fett mitgekocht.

Joulearme Kost kann aber auch falsch sein. Dann nämlich, wenn wichtige Nährstoffe fehlen, die der Körper unbedingt braucht. Junge Mädchen bringen es manchmal fertig, einer erträumten Idealfigur zuliebe, sich völlig unzureichend zu ernähren und dreimal täglich Magerquark aufs Knäckebrot zu kratzen. Abgesehen davon, daß man seinen Typ sowieso nicht grundlegend ändern kann, fügt man seiner Gesundheit auf diese Weise großen Schaden zu. Jede joulearme Kost muß genauso vollwertig zusammengesetzt sein wie eine normale. Gemüse und Vollkornprodukte verfügen außerdem noch über unverdauliche Ballaststoffe, die einmal ein besseres Sättigungsgefühl bewirken, zum anderen die Darmbewegung regulieren.

Die bei Normalkost erforderlichen Mengen von 1000 mg Kalzium, 45 mg Vitamin C, 1,3 mg Vitamin B_1 bei Mädchen und 1,4—1,6 mg bei Jungen sowie 15 mg Eisen bei Mädchen und 10 mg bei Jungen (nach Prof. Ketz) müssen auch in einer jouleärmeren Kost enthalten sein. Bei den Fetten sind vor allem die versteckten gefährlich. Von den Streich- oder Zubereitungsfetten läßt sich leicht ein Bild machen, wenn sie zu Anfang auf einer Briefwaage abgewogen werden.

Nach Jouletabellen leben und gar die Lebensmittel abwiegen, macht den wenigsten Spaß. Aber einen groben Überblick über joulearme und joulereiche Lebensmittel sollte sich jeder verschaffen, auch der, dem noch ein paar Pfündchen am Idealgewicht fehlen.

✦

Joule- bzw. Kaloriengehalt in 100 g oder 100 ml eßbaren Lebensmitteln (ohne Abfall)
— 1 Kalorie = 4,186 Joule

Unter 210 kJ (50 kcal)

Buttermilch, Magermilchjoghurt, sämtliche Gemüse mit geringen Ausnahmen, Tomaten-, Orangen-, Zitronensaft, Erdbeeren, Brombeeren, Grapefruit, Johannisbeeren, Pfirsiche, Rhabarber, Stachelbeeren, Wassermelonen, Zitronen — Seefisch im Durchschnitt, Schleie, Zander

210—420 kJ (51—100 kcal)

Magerquark, Vollmilchjoghurt, Vollmilch, 1 Hühnerei, grüne Erbsen, Kartoffeln, Rosenkohl, Schwarzwurzeln, Petersilie, Schnittlauch — Äpfel, Apfelsinen, Bananen, Birnen, Heidelbeeren, Kirschen, Pflaumen, Weinbeeren, Kompott im Durchschnitt, Obstsäfte — Dorsch, Hecht, Scholle, Seelachs, geräucherter Dorsch

424—630 kJ (101—150 kcal)

Quark (20 Prozent), kondensierte Vollmilch — Broiler, Kaninchen, Kalbfleisch, mageres Rindfleisch, Schabefleisch, Wild, Innereien — Forelle, Karpfen, Rotbarsch, geräucherte Sprotten — Obsttorten aus Biskuitteig mit Gelee

634—840 kJ (151—200 kcal)

Kaffeesahne, vollfetter Quark, Harzer, Limburger, Romadur (20 Prozent) — Huhn, Kalbfleisch (Keule), mageres Schweinefleisch, Schnitzelfleisch, Rinderzunge — Makrele, Heilbutt, Schellfisch, geräuchert, Fischkonserven im Durchschnitt, Hering in Gelee — Hefeteig-Obstkuchen

844—1 050 kJ (201—250 kcal)

Vollkornbrot, Mischbrot, Pumpernickel — Diätwurstwaren im Durchschnitt, Schmorfleisch, Lende,

Rouladenfleisch, Kochfleisch vom Rind, Hammelfleisch im Durchschnitt, Ente, Bierschinken, Bockwurst — Hering, Brathering, Rollmops, marinierter Hering, Heilbutt, Makrele, geräuchert — Marmelade, Konfitüre, Speiseeis (12 Prozent Fett), Sahnetorte, Quarktorte

1 054—1 260 kJ (251—300 kcal)

Weißbrot, Brötchen — Camembert (45 Prozent) — getrocknete Äpfel und Aprikosen, Rosinen — Kochschinken, Sülzfleischwurst, Leberkäse, Wiener Würstchen, Kotelett — Kakao (schwach entölt), Schlagsahne (30 Prozent Fett), Käsetorte

1 264—1 470 kJ (301—350 kcal)

Schmelzkäse (45 Prozent), Edamer (40 Prozent), Hülsenfrüchte, fettarme Bierwurst, Schweinefleisch, Schweine- und Kaßlerkamm, Bienenhonig

1 474—1 680 kJ (351—400 kcal)

Cama, Edamer (45 Prozent), Eigelb, Doppelrahmfrischkäse — Knäckebrot, Weizenmehl, Kartoffelstärke, Puddingpulver, Eierteigwaren, Haferflocken, Grütze, Weizengrieß, Weizenkeime, Kokosraspel, Cornflakes — Gans — roher Schinken, Mortadella, Jagdwurst, Hakkepeter — Zucker, Sahneeis

1 684—1 890 (401—450 kcal)

Rahmbutter, Gouda, Emmentaler (45 Prozent), Leberwurst, Blutwurst, Keks

1 894—2 100 kJ (451—500 kcal)

Fleischwurst, Teewurst, Zungenwurst — Makronen, Marzipan, Streuselkuchen, Zwieback

2 104—2 310 kJ (501—550 kcal)

Zervelatwurst, Salami, Knacker, Schinkenpolnische, Mettwurst, Schmalzfleisch — Sandgebäck

2 314—2 250 kJ (551—600 kcal)

Landbutter — Blätterteiggebäck, Nugat, Schokolade

2 524—2 730 kJ (601—650 kcal)

Bauchspeck — süße Mandeln

2 734—2 940 kJ (651—700 kcal)

Speck, durchwachsen — Nüsse im Durchschnitt

2 944—3 360 kJ (701—800 kcal)

Markenbutter, Marina, Sonja, Sahne, Mayonnaise

3 364—3 780 kJ (801—900 kcal)

fetter Speck

3 784—3 990 kJ (901—950 kcal)

Schweineschmalz, Speiseöl

Joule- und **Kaloriengehalt** für kleine Portionen (kJ/kcal)

1 Brötchen 540/130, 1 Scheibe Knäckebrot 159/38, 1 Scheibe Toastbrot 370/75, 1 Stück Streuselkuchen 1 210/290, 1 Stück Kremtorte 1 680/400, 1 Praline oder Fettwaffel (10 g) 210/50, 50 g Schlagsahne 630/150, 1 Eis am Stiel (50 g) 420/100, 1 TL Honig 126/30, 1 EL Pflaumenmus 285/68, 1 Stück Würfelzucker 84/20, 1 Stück Kartoffelchips 42/10, 1/4 l Cola oder Limonade 420/100, 1 Bockwurst mit Brötchen 1 470/350

Der Mensch ist, was er ißt

Diese alte Spruchweisheit wird durch die moderne Wissenschaft bestätigt. Alle Energie, die Kreislauf, Verdauung, Muskeln und Nerven in Gang hält und jeden Tag einen Teil unseres Organismus erneuert, gewinnen wir aus der Nahrung. Wichtig ist daher die Frage, wie sie beschaffen sein muß, um den vielfältigen Bedürfnissen unseres Körpers gerecht zu werden.

Häufige unerklärliche Müdigkeit, Unlust, Unbehagen, Nervosität, schlechtes Konzentrationsvermögen und Anfälligkeit gegen Infektionskrankheiten können sehr wohl Anzeichen falscher Ernährung sein. Junge Leute, für die Lernen und Freizeitinteressen im Vordergrund stehen, machen sich oftmals wenig Gedanken darüber, was sie essen. Gegessen wird, was ohne großen Zeitaufwand den Hunger stillt und schmeckt, beispielsweise Bockwurst und Kuchen.

Doch das reicht nicht aus. Unser Körper braucht Kohlehydrate, Eiweiß, Fett, Vitamine, Mineralstoffe und Spurenelemente — nicht nur gelegentlich, sondern tagtäglich. Das gilt für die menschliche Ernährung allgemein, besonders aber für junge Menschen, die noch im Wachsen begriffen sind. Ein Nahrungsmittel, in dem all das vorhanden ist, gibt es nicht, es sei denn die Milch, die alles enthält, was ein Säugling braucht.

Wir benötigen demnach Lebensmittel verschiedener Art. Unsere Kost muß so abwechslungsreich und vielseitig wie möglich sein. Dann ergänzen sich die für den Körper notwendigen Stoffe. Richtig essen, das will gelernt sein. Das bedeutet auch, sich kritisch mit überholten Eßgewohnheiten, die recht langlebig sind, auseinanderzusetzen.

Wie heißt es so schön: Vom Brot allein kann man nicht leben, es muß auch Wurst und Schinken geben. Nichts gegen Lieblingsgerichte und gelegentliche kleine Schlemmereien. Um was es uns geht, das ist die Alltagskost. Was brauchen wir für sie?

Kohlehydrate (1 g = 17,2 Joule = 4,1 kcal): Sie beziehen wir hauptsächlich aus Getreideerzeugnissen, Kartoffeln, Gemüse und Obst. Zucker gehört ebenfalls dazu, doch er ist am leichtesten entbehrlich. Das trifft auch auf Weißbrot und Konditorwaren zu, die nicht mehr die biologisch wertvollen Randschichten des Getreidekorns enthalten, die uns Vollkornprodukte bieten.

Eiweiß (1 g = 17,2 Joule = 4,1 kcal) dient dem Aufbau des Körpers. Es soll möglichst zur einen Hälfte aus tierischen Quellen (besonders reichlich in mageren Sorten von Fisch, Fleisch [Innereien], Milcherzeugnissen und in Eiern), zur anderen aus pflanzlichen (Getreideerzeugnisse, Hülsenfrüchte, Kartoffeln) gedeckt werden.

Fett (1 g = 39,5 Joule = 9,3 kcal) ist ein wichtiger Energielieferant. Auch hier unterscheidet man zwischen tierischen Fetten (Butter, Schmalz, Speck, fettem Fleisch und Wurst) und pflanzlichen (Sonnenblumen-, Leinöl, Margarine aus Pflanzenfetten). Letztere sind durch ihren höheren Gehalt an ungesättigten Fettsäuren besonders wertvoll.

Vitamine sind Schutz- und Reglerstoffe, die dem reibungslosen Stoffwechselgeschehen dienen und den Körper gegen Krankheitsanfälligkeit schützen. Besonders vitaminreich sind Obst, Gemüse, Milch- und Vollkornprodukte. Es ist gut, zu wissen, daß zum Beispiel der Vitamin-C-Gehalt bei Beerenobst bedeutend höher liegt als beim Baumobst. Rote Johannisbeeren haben 30, schwarze 136, Sanddorn hat 310 und Hagebutten haben 650 mg, Äpfel dagegen nur 5—18, Birnen 4, Pflaumen 6 mg.

Da sich trotz schonender Zubereitung der Nahrung der Verlust an Vitaminen und Mineralstoffen beim Kochen nicht ganz vermeiden läßt, ist es notwendig, Gemüse und Obst auch roh zu verzehren.

An **Mineralstoffen** brauchen wir Kalzium, Natrium, Kalium, Phosphor, Magnesium, Chlor und Schwefel, die unter anderem für den Knochenbau und für die

Zähne von Bedeutung sind und den Wasserhaushalt regulieren. Mineralstoffe sind vorwiegend in Milcherzeugnissen, Vollkornprodukten, in Obst und Gemüse vorhanden.

Eisen, Kobalt, Zink, Kupfer, Mangan, Jod, Silizium sind nur als winzigste Bruchteile nachweisbar und werden als **Spurenelemente** bezeichnet. Unter ihnen ist zum Beispiel Eisen für die Bildung des Blutfarbstoffes unentbehrlich.

Hier ist nicht der Platz, um ausführlicher über gesunde Ernährung zu berichten. Wir hoffen aber, daß diese wenigen Zeilen euch anregen, mehr darüber zu erfahren. Wir sind heutzutage besser dran als frühere Generationen. Die Erkenntnisse der Wissenschaft machen es möglich, uns von jung auf gesund zu ernähren. Und der richtig ernährte Körper dankt es uns mit Spannkraft, Frische und äußerer Schönheit, wie gut durchbluteter Haut, gesunden Zähnen und glänzendem Haar.

Wenn die Waage fehlt

	1 gestrichener Teelöffel	1 gestrichener Eßlöffel	1 Tasse
Salz	5 g	20 g	—
Zucker	5 g	20 g	180 g
Mehl	4 g	15 g	110 g
Stärkemehl	4 g	14 g	120 g
Grieß	4 g	12 g	140 g
Reis	5 g	18 g	180 g
Haferflocken	2 g	10 g	80 g
Fett	5 g	18 g	—
Öl	4 g	15 g	—

Da Löffel und Tassen unterschiedliche Größen haben können, raten wir euch, diese Mengen nachzumessen und gegebenenfalls zu ändern.
Flüssigkeit:
8 EL oder 1 Tasse sind 1/8 l,
1 Liter Wasser wiegt 1 kg,

1 Prise ist so viel, wie man zwischen Daumen und Zeigefinger faßt,

1 Schuß — reichlich 1 EL Flüssigkeit,

1 Spritzer sind 4—6 Tröpfchen,

1 Hauch bei Muskatnuß zwei- oder dreimal über eine kleine Reibe fahren, bei Knoblauch die Schüssel mit einer halben Zehe einreiben. Ein Hauch darf niemals vorschmecken.

Rezepte

Man nehme...

Inhalt